Strade blu

NON FICTION

Federico Rampini

SLOW ECONOMY

Rinascere con saggezza

MONDADORI

Dello stesso autore
nella collezione Strade blu

Il secolo cinese
L'impero di Cindia
L'ombra di Mao
La speranza indiana

Slow Economy
di Federico Rampini
Collezione Strade blu

ISBN 978-88-0459368-3

I edizione ottobre 2009
Anno 2009 - Ristampa 3 4 5 6 7

Indice

Slow Economy

Introduzione

A Manhattan i primi apparvero anni fa, ma all'inizio erano solo una curiosità, una stravaganza, un esotismo per turisti. I rickshaw o risciò, le carrozzine trainate da un uomo a piedi oppure – nella loro versione «moderna» – da un uomo che pedala su una bicicletta (ciclorisciò), sono da due secoli un elemento fisso nel paesaggio urbano in Estremo Oriente, da Hanoi a Pechino. In Asia furono a lungo un simbolo di sfruttamento e oppressione. Il mestiere di conducente di risciò si situava ai gradini più bassi del proletariato: per la fatica fisica, e per l'umiliazione morale imposta a quel ruolo di «portatore di uomini». Ma a New York hanno avuto un successo sorprendente e il loro numero cresce a vista d'occhio. Hanno fatto scuola contagiando diverse città americane. Ne ho visti fino all'estremità opposta degli Stati Uniti, a San Diego, in California. Non evocano sofferenza fisica: i guidatori di risciò americani sono dei giovanotti, e anche ragazze, muscolosi e abbronzati. È un impiego part-time che attira gli studenti in questo mercato del lavoro stremato dalla recessione. Nella bella stagione all'aria aperta stanno meglio loro dei poveri tassisti intrappolati nella lamiera, stressati dagli ingorghi, soffocati dal caldo oppure intirizziti da getti di aria condizionata micidiali. Quando iniziano le piogge e il traffico impazzisce, il conducente di risciò indossa impermeabile giallo e galosce, allarga il tettuccio di plastica, e trasforma il suo veicolo in un mezzo ancora più competitivo per chi ha fretta. Nella giungla d'asfalto il risciò supera le auto, s'infila in mezzo alle corsie, prende le scorciatoie. Emissioni di CO_2: zero. Inquinamento acustico: zero, i risciò hanno un campanello da bicicletta, il rumore massimo che producono è l'ansimare del conducente che pedala. Offrono anche una terapia preventiva contro l'obesità dilagante in America. È un esempio fra tanti di «consumo frugale» che ci viene dall'Asia. Naturalmente ne esistono versioni più democratiche: la diffusione della semplice bicicletta, ancora oggi un mezzo assai popolare in Asia, ha indotto finalmente i sindaci di Parigi, Londra e Bruxelles a riservare centinaia di chilometri urbani alle piste ciclabili. I cinesi hanno anche un'intelligente predilezione per il motorino elettrico, silenzioso e pulito: i loro teenager non sentono il bisogno «macho» di produrre il rombo di un jet e nuvole di fumo puzzolente sgommando a ogni semaforo. All'estremo opposto c'è quell'invenzione assurda (made in Usa) che è il Segway, il due ruote semovente noleggiato ai turisti pigri che non vogliono muovere neppure un arto per passeggiare. I branchi di visitatori in piedi sul Segway col naso per aria alla Rockefeller Plaza o a Central Park a New York, oppure al Fisherman's Wharf di San Francisco, sembrano incarnare il futuro mostruoso prefigurato nel film d'animazione *Wall-E* della Disney-Pixar: la razza umana, tutta afflitta da obesità, ha perso le facoltà motorie, passa la vita sdraiata su sedie automatiche semoventi, ingozzandosi di cibo-bevande e guardando la TV.

Capriole della storia. Il risciò da simbolo di miseria e sofferenza si trasforma in un'opportunità di buonsenso salutista, che l'Asia offre agli Stati Uniti come un suggerimento prezioso. E anche ironico. Ho ancora in mente l'immagine di un grosso occidentale sprofondato comodamente sulla poltroncina in pelle, trainato da un cinese magrissimo. Era una scena comune nella Shanghai degli anni Trenta, quando inglesi e francesi dominavano le «concessioni», interi quartieri sotto amministrazione coloniale. Più di recente, vicino alla mia casa di Pechino, sul laghetto Houhai, per anni vidi passare turisti bianchi sovrappeso, con le natiche da pachiderma sprofondate nel sedile del risciò: e davanti a loro cinesi piccoli e minuti, a sudare per trainare quei quintali di ciccia. La Cina ora si prende una sottile vendetta. Il suo risciò antico diventa una moderna provocazione, un'idea semplice e ovvia per alleviare certi mali di Manhattan, dell'America, dell'Occidente: la nostra eccessiva dipendenza dall'automobile anche per brevi tratti urbani dove non è indispensabile; l'insufficiente esercizio fisico e il poco tempo che passiamo all'aria aperta; l'eccesso di chili che ci portiamo addosso e che sono a loro volta causa di malattie e sofferenze; la mania che abbiamo di volerci spostare dal punto A verso il punto B nel tempo più breve possibile, scordando il piacere di muoversi lentamente, con gli occhi aperti, gustando le città che abbiamo intorno. Il risciò come esempio precursore della Slow Economy. In senso letterale, visto che è un mezzo apparentemente «lento». In senso più profondo, perché nel cuore di Manhattan avviene ciò che appare come un ritorno all'antico. Si scopre che il mezzo arcaico può essere una soluzione moderna e razionale. C'è anche il rovescio della medaglia. La Slow Economy ci arriva addosso come uno stato di necessità, per esaurimento dei motori della crescita globale degli ultimi trent'anni (consumismo americano in testa). Forse quei giovani pedalatori newyorkesi preferirebbero essere altrove? A Wall Street? Alla Goldman Sachs? Non è colpa loro, ma appartengono a una generazione che deve rivedere profondamente le proprie aspettative economiche – e i valori, e le gerarchie sociali.

Altre cose, oltre al risciò, mi danno l'impressione che la Cina mi abbia seguito, o preceduto, nel trasferimento a New York. Chinatown e l'immigrazione asiatica in America sono realtà antiche. In un certo senso furono proprio i cinesi a unire fisicamente gli Stati americani, visto che dall'Asia arrivarono migliaia di operai per costruire la ferrovia tra la

East Coast e la West Coast a metà dell'Ottocento. Oggi persone e immagini dell'Oriente hanno una capacità nuova di fondersi nel paesaggio urbano e di plasmarlo. L'ufficio di «Repubblica» dove lavoro, vicino a Times Square, all'incrocio fra Broadway e la Quarantunesima Strada, è presidiato ogni giorno dell'anno da un suonatore di archi cinese. Si apposta sul marciapiede d'angolo la mattina, ci resta fino al tramonto. Le sue armonie antiche, cantilene melodiose e ripetitive, salgono su fino agli ultimi piani dei grattacieli, s'insinuano magicamente nel frastuono della metropoli. Di fronte alle mie finestre, sul grattacielo di Times Square che ospita l'ipermercato-drugstore Walgreens, un intero lato dell'edificio è occupato dal cartellone luminoso di una top model, sensuale e ammiccante, che fa pubblicità a una marca di cosmetici. Cinese anche lei, naturalmente.

L'Asia mi insegue, mi rimane nella testa, nel cuore, nella pelle. La Cina e l'India, il Giappone e il Vietnam, il Myanmar e la Cambogia non mi lasceranno mai veramente, anche adesso che vivo a New York. Sento di doverle molto: la mia visione dell'Occidente, del nostro mondo, non sarà mai più la stessa.

E così questo libro nasce come un viaggio nella memoria e nel futuro. Racconta le peripezie di un uomo bianco in Asia. Tra esotismo, spaesamento e apprendimento. Lì ci sono i ricordi di luoghi e persone che mi hanno insegnato tanto: anche sulle sofferenze di quella parte di mondo. E c'è il tentativo di prendere in prestito dall'Oriente – senza idealizzarlo ingenuamente – qualche percorso che possa servire anche a noi nella ricerca di nuovi modelli di vita. Non solo perché lo sviluppo sostenibile è un imperativo per salvare il pianeta. Ma anche perché l'uscita dalla grande recessione del 2007-2008 avverrà in modi nuovi: Slow Economy, appunto. Un lungo periodo di crescita lenta, quasi impercettibile. Un mercato del lavoro molto difficile, ristagnante. Nella sua versione negativa, Slow Economy può voler dire un periodo di crescita anemica, con tanti sacrifici e poche soddisfazioni, preoccupante in particolare per i giovani che escono dall'università e cercano un lavoro. Ma può significare – come lo Slow Food nell'alimentazione – anche un equilibrio più sano fra l'economia e l'essere umano. Un'attenzione a valori che sono ben più importanti del Prodotto interno lordo. Nicolas Sarkozy ha incaricato alcuni dei più autorevoli esperti mondiali di elaborare un misuratore di benessere «alternativo» rispetto al PIL. Ma molto prima di lui ci aveva pensato il Bhutan, piccolo Paese appollaiato sulle cime dell'Himalaya che da anni usa il FIL: Felicità interna lorda. Un'altra utile provocazione che ci viene dall'Oriente.

Per cinque anni ho avuto la mia sede fissa da corrispondente a Pechino, in Cina. Quella è la nazione più grande, più potente, destinata a segnare il futuro del pianeta quanto l'America. È anche quella che suscita negli occidentali le reazioni più estreme. Tra le quali domina una paura diffusa, un'ostilità radicata. Soprattutto in chi non c'è mai stato. Adesso che vivo nel cuore di Manhattan, la «città che non dorme mai», il centro palpitante di una fantastica vita culturale, non voglio dimenticare che anche a Pechino, o a Shanghai, si può vivere bene. Anzitutto perché i cinesi sono simpatici. Quest'affermazione non è scontata, soprattutto per chi conosce solo i cinesi che vivono in Europa o in America. L'emigrazione è un'esperienza drammatica, che indurisce le persone. Quando abitavo a San Francisco, sede della più grande Chinatown d'Occidente, anch'io avevo impressioni diverse sui cinesi: chiusi all'interno della propria comunità, diffidenti e scontrosi, poco disposti a fondersi con la cultura del Paese ospite. I cinesi che ho conosciuto a Pechino e nel resto della Cina sono l'opposto. A casa loro li ho trovati estroversi e cordiali, ospitali e comunicativi, sentimentali e simpatici. A volte imbroglioni, salvo quando s'instaura un rapporto di amicizia personale: un po' come per certi italiani, per i cinesi vale più la lealtà ad personam che il rispetto delle regole. Mi riferisco alle persone normali che frequentavo tutti i giorni, non alla nomenklatura politica, con la quale i rapporti in quei cinque anni hanno oscillato prevalentemente tra la diffidenza e l'ostilità reciproca.

Non dimenticherò le sofferenze che ho visto nella Cina più povera e derelitta, tra le minoranze etniche del Sichuan e dello Yunnan devastate dall'AIDS e dalla droga. Non dimenticherò il Tibet e lo Xinjiang che ho visitati dopo le rivolte, domati da un'occupazione militare. Non dimenticherò i miei amici dissidenti di Pechino, seguiti dai poliziotti in borghese quando venivano a trovarmi a casa.

Ma non posso neppure scordare che per buona parte del mio lungo soggiorno sono stato circondato da gente che trasuda ottimismo, fiducia nel futuro, energia, voglia di fare. E anche tanta allegria. Più un'altra dote che non associamo necessariamente ai cinesi: la modestia.

In Occidente c'è chi si rappresenta la Cina a una sola dimensione. Come un immenso lager, un luogo dove avvengono orrende catastrofi ambientali, si attua uno sfruttamento selvaggio dei lavoratori, dove tutto è censura e repressione. Questi mali esistono, e presenteranno il conto anche al regime autoritario di Pechino. Ma esistevano anche cinquant'anni fa e trent'anni fa. Ai tempi di Mao Zedong, o subito dopo la sua morte, la condizione operaia e contadina era pesante; le carceri erano piene (molto più di oggi) di prigionieri politici; lo sviluppo industriale e l'urbanizzazione avevano già effetti disastrosi sull'ambiente. Oggi oltre agli effetti distruttivi lo sviluppo produce anche benefici che sono notevoli, e ben visibili. Una buona parte della popolazione ha conosciuto un eccezionale miglioramento delle proprie condizioni di vita materiali. Un'altra parte spera che presto toccherà a lei. Tanti cinesi si lamentano della corruzione, ma al tempo stesso non vedono un'alternativa al regime, che si è conquistato una credibilità per aver gestito questa fase di modernizzazione. Per loro la «libertà dalla fame» viene prima di altri diritti civili; le libertà personali (la libertà sessuale, o quella di viaggiare all'estero) hanno compiuto passi da gigante e fanno sentire meno acutamente la mancanza della libertà d'informazione e di voto. La Cina è un continente, una realtà vastissima, magnifica e tremenda, affascinante e ancora spesso misteriosa. È impossibile non amarla; ma di un amore vero, che non rende ciechi né muti di fronte ai suoi terribili problemi.

Traslocare dalla Cina agli Stati Uniti, come ho fatto di recente, è un'esperienza psicologicamente ben diversa dagli altri viaggi trans-Pacifico che mi è capitato di fare durante i cinque anni vissuti a Pechino. Certo, in quel periodo non avevo mai smesso di confrontare l'America e la Cina. Ma la prospettiva cambia quando devi sradicarti da un Paese e piantare la tenda in un altro. Ogni dettaglio di vita quotidiana ti colpisce di più, fai un bilancio più attento di quello che «lasci» e di quello che «trovi». La prima impressione, forte e immediata, si fissa proprio tra la partenza e l'arrivo. Oggi lasciare Pechino e arrivare a New York è un po' come fare un salto nel passato. Parti da un aeroporto che è forse il più bello e moderno del mondo: il Terminal 3 di Pechino, progettato da Norman Foster e inaugurato poco prima delle Olimpiadi. Una vetrina luccicante di modernità, pulizia, efficienza e cortesia. Già a bordo del volo Continental Pechino-New York ti ritrovi di fronte a uno dei segnali «fisici» della decadenza americana: gli aerei sempre più vecchi e sporchi, il servizio penoso e irritante, un'aria di trasandatezza che contrasta con l'attenzione al consumatore-passeggero delle compagnie asiatiche. L'arrivo avviene allo scalo di Newark, e anche lì il primo contatto è con il «vecchiume» dell'America: tutto è antiquato, talvolta lercio, talaltra casca a pezzi. Se prendi il taxi per andare in città, è il decadimento della rete stradale-autostradale che ti colpisce rispetto alla Cina. Se usi il metrò, scassato e maleodorante, ti rendi conto che potresti essere a Mumbai. In fatto di infrastrutture la Cina non sta solo vincendo la gara con l'India: stravince anche la sfida con l'America. Ed è tutto accaduto molto in fretta.

Quando feci il trasloco precedente da San Francisco a Pechino, nel 2004, Pechino e Shanghai già mi stupivano per la rapidità del cambiamento, ma al primo impatto non mi davano la sensazione di avere superato in alcuni settori il maestro americano. Ho citato Pechino e Shanghai. Potrei aggiungere Tianjin e Shenzhen, Nanchino e Canton. Le impressioni che ho descritto valgono solo per quella Cina lì: le grandi metropoli, dove si concentra la ricchezza, dove lo sforzo di modernizzazione ha dato i frutti più spettacolari. Non si può allargare il discorso a tutta la Cina, nazione immensa, dove sussistono ampie zone di miseria, arretratezza, con punte di degrado da Terzo Mondo. Bisogna vedere anche quella Cina povera per capire come mai gli stessi dirigenti di Pechino continuano a percepire e descrivere il proprio Paese come una «nazione emergente». Resta il fatto che trasferirmi a New York da Pechino oggi mi rende ipersensibile ai ritardi americani. Anche perché mi irrita il fatto che loro non se ne rendano conto, quasi mai. La maggioranza degli americani non ha la consapevolezza che il proprio Paese ha perso quota in molti settori (non solo in confronto alla Cina ma anche rispetto all'Europa, se guardiamo alla qualità dello Stato sociale in Germania o alle ferrovie in Francia). Certo non mi stupisce l'autoreferenzialità degli americani che vivono nel Midwest o nel Texas, zone dove la maggioranza della popolazione non ha mai viaggiato all'estero. Lo trovo meno giustificabile a New York, città cosmopolita per eccellenza. Eppure anche i newyorkesi, quando si lamentano per i tanti problemi della loro città, raramente concludono dicendo: su questo o quello dovremmo imitare Parigi, o Londra, o Tokyo. No, in questo non sono molto meglio dei texani. Continuano a credere che l'America sia per definizione il numero uno in quasi tutti i settori. E qui si annida una debolezza pericolosa, nel confronto con la Cina. La classe dirigente cinese ha difetti terribili e colpe imperdonabili, ma ha una qualità che non dimentico: da trent'anni ha deciso di «andare a scuola» dai Paesi più avanzati. Studia sistematicamente i modelli stranieri che hanno funzionato meglio per imitarli. Con l'obiettivo di superarli. È un atteggiamento di umiltà e di modestia che troppi americani hanno dimenticato da tempo. L'autoreferenzialità, il provincialismo, ci rendono ciechi di fronte a novità importanti che emergono in luoghi lontani. Così perdiamo tempo prezioso, mentre gli asiatici umilmente «vanno a scuola» e copiano tutto ciò che ritengono valido. Anche in Europa pochi hanno capito che la ricerca delle soluzioni ai nostri problemi qualche volta passa dall'Estremo Oriente.

Qual è da molti anni la prima destinazione in assoluto degli americani in vacanza? Non è Parigi né Roma, non il Messico e neanche i Caraibi. Sono gli outlet, i centri commerciali dove si vendono prodotti di griffe superscontati. È un sintomo dell'ossessione nazionale per i saldi, gli sconti, le liquidazioni, i prezzi stracciati, la gara a chi offre sempre di più per sempre meno, una vertiginosa corsa al ribasso. È il capitalismo *cheap*, nel doppio senso di «poco caro» ma anche «scadente». *Cheap: The High Cost of Discount Culture* (Cheap: l'alto costo della cultura dello sconto) è il saggio-inchiesta di Ellen Shell, docente alla Boston University, che Richard Bernstein sul «New York Times» ha celebrato come una lucida diagnosi delle patologie del consumismo made in USA. La rincorsa al prezzo più basso possibile in America ha raggiunto estremi sconosciuti nel resto del mondo: la sola catena di ipermercati Wal-Mart, se fosse uno Stato-nazione, sarebbe il decimo partner commerciale della Cina. *Cheap* è decadimento generale di qualità, valori, professionalità. I supersconti praticati da Wal-Mart si traducono in bassi salari, perdita di conquiste sociali, inquinamento e sprechi. I mutui subprime e la benzina americana a basso costo sono altri esempi di un *cheap* solo apparente che si prende vendette feroci: sul debitore, sull'ambiente. Dalle fabbriche in rovina del Midwest impoverito dalle delocalizzazioni, alle desolanti cittadine nate attorno a uno *shopping mall* come centro di vita sociale, Ellen Shell denuncia il volto nascosto della cultura *cheap* e il modo in cui ha trasfigurato l'America. Cominciando con un outing espiatorio, un'autodenuncia. L'autrice confessa di essere lei stessa una vittima dell'irresistibile attrazione del *cheap*. «Questo legame pericoloso» scrive la Shell «lo conosco perché lo vivo. In un mercato che straripa di beni abbondanti e apparentemente equivalenti, il prezzo diventa il criterio decisivo e finale. Io non resisto all'offerta compri-tre-paghi-uno da Target, dove per quindici dollari mi porto a casa tre paia di slip. Non c'entra la virtù del risparmio, scatta qualcosa di ben più profondo. Il prezzo basso diventa un fine in se stesso, dà un senso di vittoria. Ahimè, è solo un'illusione. Intanto ci riempiamo le case di roba inutile: cantine, soffitte, garage sono intasati di cataste di oggetti che abbiamo perfino dimenticato di possedere, dopo la voluttà momentanea dell'acquisto.»

La Shell si è fatta guidare da esperti di psicologia e studiosi di marketing per smascherare un'impostura: nulla è veramente economico, perché noi consumatori non abbiamo idea di quanto costi quello che compriamo. La politica dei prezzi usata dai colossi della grande distribuzione è una raffinata manipolazione della psiche umana, un malefico gioco delle illusioni. Donald Lichtenstein, professore di marketing all'Università del Colorado, ha analizzato come la posizione dei prezzi nel menu di un ristorante influenzi ciò che mangiamo. La neuropsichiatria ha scoperto che l'aspettativa di un «buon affare» fa scattare una vera e propria tempesta di neuroni nel nostro cervello. Le manovre sui listini e sulle etichette, gli annunci dei saldi e degli sconti governano il nostro comportamento di spesa in modi che non sospettiamo neppure. «In un supermercato» spiega Lichtenstein «è altamente probabile che acquistiamo un prodotto in offerta speciale anche se il prezzo scontato in realtà è superiore al prezzo normale praticato da una catena concorrente. È irrilevante, perché a far scattare la nostra voglia di acquisto è la visione della differenza esibita tra il costo pieno e quello ridotto. Nella mente umana quello sconto viene vissuto come un vero e proprio guadagno.» È la ragione per cui la proliferazione degli outlet fa leva sulle stesse molle psicologiche che spiegano l'eterno successo di Las Vegas: «L'orgia dei saldi in tutte le stagioni, degli sconti a volontà, ci dà l'impressione di poter sconfiggere l'industria e la grande distribuzione, così come la voluttà del giocatore è legata alla fiducia di poter sbancare il casinò».

Sul fronte del Big Business, il trionfo del capitalismo *cheap* ha coinciso con potenti cambiamenti nel paesaggio delle imprese. Dagli anni Novanta in avanti l'America ha subito una concentrazione senza precedenti nel settore distributivo. Migliaia di catene commerciali sono scomparse, fallite o inghiottite da un numero ristretto di giganti. All'inizio di questo decennio i dieci protagonisti dominanti della distribuzione ormai concentravano il 72 per cento di tutte le vendite di moda, abbigliamento e accessori. Di conseguenza la politica dei prezzi è nelle loro mani. Come rivela uno dei boss della grande distribuzione: «Il prezzo finale lo fissiamo noi e lo imponiamo alle due estremità: il produttore e il consumatore». Le scelte dell'industria manifatturiera – riguardanti la qualità e i metodi di produzione, i salari e le delocalizzazioni – sono dettate imperativamente da quello che impone il distributore. Le stesse griffe della moda, che un tempo ritenevano di poter chiedere un sovrapprezzo grazie all'immagine di lusso dei propri prodotti, sono diventate schiave consenzienti della cultura *cheap*. Gli economisti Anne Coughlan della Kellogg School of Management e David Soberman dell'Insead di Fontainebleau hanno studiato il fenomeno della proliferazione degli outlet. All'origine si trattava di spacci aziendali riservati ai dipendenti. Poi si misero a smerciare prodotti che avevano qualche piccolo difetto, scarti, o collezioni fuori stagione. Adesso marche come Gap, Brook Brothers, Ralph Lauren, Donna Karan e Ann Taylor «producono direttamente per gli outlet, hanno creato delle linee a minor prezzo e di qualità inferiore, il culmine di quell'inganno di massa che sono i saldi 365 giorni all'anno». Funzionale, indispensabile al capitalismo *cheap* è il suo corrispettivo finanziario: l'ipertrofia del credito al consumo. Ottocentocinquanta miliardi di dollari: è l'ammontare di debiti che gli americani hanno accumulato sulle loro Visa e Mastercard.

Ellen Shell non nega che la corsa verso la riduzione dei prezzi abbia avuto in origine una funzione democratica, perfino rivoluzionaria. Il pioniere fu Henry Ford che nel 1908 decise un taglio drastico nel prezzo di listino dell'autovettura più popolare, il Modello T. In un colpo solo passò da 850 a 290 dollari, uno shock salutare che inaugurò l'era della motorizzazione di massa. Improvvisamente gli stessi operai che lavoravano alle catene di montaggio di Detroit furono in grado di comprarsi l'automobile, che non era più un lusso per pochi.

Lo storico Charles McGovern sostiene che nella prima metà del XX secolo «gli americani iniziarono a concepire il consumo come una forma di cittadinanza, un rito fondante dell'identità nazionale. Nacque così una sorta di nazionalismo materiale che mise l'acquisto dei beni di consumo al centro della vita sociale». È il fenomeno che un'altra storica, Elizabeth Collins di Harvard, ha battezzato «la repubblica del consumatore». Di cui l'ultima reincarnazione è il fenomeno Wal-Mart, la simbiosi America-Cina, l'uso delle importazioni a basso costo che ha favorito i consumatori più poveri. «Ma ora quel modello ha toccato i suoi limiti» conclude la Shell. «Abbiamo appreso attraverso esperienze dolorose che un mondo *cheap* – dove il cibo costa sempre meno, la benzina è a buon mercato, il credito bancario sembra erogato a tassi generosi – è un mondo dove anche le donne e gli uomini valgono sempre meno.» Quando il «New York Times» ha aperto un forum dei lettori sulle sfide dell'era Obama, un intervento ha colpito la Shell perché segnala l'attrazione verso un nuovo modello di vita, il ritorno del consumo frugale. «Pretendo» ha scritto il lettore «di pagare più caro quello che compro. Voglio avere il diritto di spendere di più per avere un prodotto che duri più a lungo, che sia di qualità superiore, che non nasconda pericoli per la mia salute.»

Telefoni cellulari da Terzo Mondo, con la linea che cade ogni cinque minuti nel pieno centro di Manhattan o di San Francisco. Epidemie di epatite e di *Escherichia coli* a causa dei prodotti alimentari adulterati nei supermercati, dove non è neppure obbligatorio indicare la data di scadenza. Passeggeri in balìa delle compagnie aeree, che li prendono in ostaggio, com'è successo su un volo Continental da Houston, fermo in pista per una notte. Unico risarcimento: un pacchetto di salatini a testa. Dov'è finito il «Paese dove il cliente è re», come noi europei definivamo l'America? Eppure la tutela del consumatore è nata qui. Leggendaria fu la battaglia di Ralph Nader negli anni Sessanta contro la General Motors: un trionfo dell'allora giovane avvocato paladino dei consumatori, che impose le prime misure di sicurezza come la cintura antiurto obbligatoria. L'Europa andava al traino, copiava le legislazioni USA più avanzate, ammirava il ruolo delle *authorities* federali di Washington nei controlli sulla salute. Facevano notizia da noi le cause intentate dai consumatori per i danni provocati dal tabacco o dai prodotti difettosi, concluse con indennità miliardarie imposte alla grande industria. Ma nel XXI secolo l'America ha smesso di essere all'avanguardia in questo campo. Le leggi sull'etichettatura dei prodotti alimentari sono più rigorose nell'Unione europea. I passeggeri del Vecchio continente hanno almeno diritto a indennizzi per i forti ritardi, in certe circostanze: una pratica sconosciuta negli Stati Uniti. La qualità della telefonia mobile è superiore in Cina. Che cos'è accaduto, per far precipitare il consumatore americano dal paradiso all'inferno?

Una spiegazione è la rivincita del Big Business, tre decenni di neoliberismo durante i quali le lobby capitalistiche hanno corrotto la politica, hanno modificato i rapporti di forza a loro favore e sono riuscite a smantellare alcune delle conquiste dei movimenti alla Nader. Sotto i due mandati dell'amministrazione Bush le agenzie federali per i controlli alimentari, per la tutela della salute e dell'ambiente sono state sistematicamente depotenziate. Ma un'altra spiegazione va cercata proprio nella cultura del *cheap*. Grande industria e grande distribuzione hanno ipnotizzato il consumatore con la droga degli sconti e dei ribassi. In un'epoca in cui tutto sembra costare sempre meno, anche le aspettative sulla qualità si sono ridimensionate. Un prodotto che non funziona si butta via e si sostituisce con il nuovo modello che costa ancora meno. Il movimento dei consumatori ha subappaltato le proprie battaglie alla casta dei *tort lawyers*, gli avvocati delle cause di responsabilità civile. Il capitalismo *cheap* ha trasformato il consumatore americano in uno dei più mansueti del mondo. Rassegnato a vivere in un'epoca in cui tutto costa poco e tutto è scadente.

È giunto il momento di voltare pagina. Sarà questo forse uno degli effetti positivi dello shock del 2007-2008. Al termine di una lunga inchiesta sulla recessione il «New York Times» conclude: «Anche se si moltiplicano i segnali che la Grande Recessione allenta la sua morsa sull'economia americana, la ripresa sarà debole perché la resistenza a spendere continuerà». Il paragone è con la Grande Depressione degli anni Trenta: anch'essa segnò una lunga ritirata dei modelli di vita consumistici, l'emergere di una nuova frugalità, l'esaltazione della virtù austera del risparmio. Non è più soltanto un fenomeno economico, ma un ribaltamento di valori, un cambiamento culturale. L'inversione di tendenza rispetto a decenni di euforia consumistica. Una retromarcia favorita dal fatto che vi si adeguano anche i ceti più abbienti, quelli che storicamente «fanno tendenza» perché i loro stili di vita diventano i modelli da imitare. L'economista Mark Zandi di Moody's Economy.com fu uno dei primi a prevedere correttamente la repentina caduta dei consumi nel 2007. Oggi non è meno pessimista. «Le famiglie a basso reddito tagliano le spese» dice Zandi «perché sono costrette a farlo. Ma anche nei ceti medioalti la tendenza è alla rinuncia. Anche loro si sentono meno ricchi. Inoltre esibire lo spreco e i consumi di lusso non è più socialmente accettabile. È un punto di svolta nella storia del consumatore americano.»

Una conferma empirica è fornita dall'auto. Il caro-petrolio, poi la recessione, infine la rottamazione, sembrano avere accelerato un cambiamento di gusti tra gli automobilisti americani. Addio al gigantismo, ai SUV e ai pick-up, lo spostamento delle preferenze è marcato: dal grosso al piccolo, dall'energivoro al verde. Il modello più venduto nel 2009, grazie alla rottamazione, è stata la piccola Toyota Corolla, seguita da due altre «mini» (secondo i parametri americani) come la Honda Civic e la Toyota Camry. La Ford è riuscita a piazzare al quarto posto solo un modello piccolo, la Focus. Viceversa, tra i modelli più rottamati, cioè le vetture consegnate per la demolizione, figurano tutti i SUV e i pick-up: Ford Explorer, Ford F-150 pick-up, Jeep Grand Cherokee.

Dietro il fenomeno culturale agiscono potenti forze economiche. Malgrado il recupero della Borsa rispetto ai minimi del marzo 2009, la perdita di ricchezza subita dalle famiglie americane resta consistente. E per la prima volta si è invertita una tendenza trentennale, che aveva premiato i ricchi: adesso il numero dei milionari arretra, e al vertice della piramide sociale le perdite subite in Borsa sono proporzionalmente le più elevate.

Il legame tra patrimonio e consumi è molto stretto. Fra il 2003 e il 2007, cioè nell'ultima fase di bolla speculativa e di boom della crescita, il valore netto del patrimonio posseduto dalla famiglia media americana aumentò da 400.000 a 540.000 dollari (un valore composto soprattutto da casa, azioni e fondi d'investimento, meno i debiti con le banche). Oggi quello stesso patrimonio è di soli 420.000 dollari. Normalmente quando le famiglie americane si sentivano arricchite dal rialzo della Borsa e del mercato immobiliare, nell'anno seguente aumentavano i propri consumi in una misura compresa fra il 3 e il 5 per cento del proprio incremento patrimoniale. Oggi quel riflesso – definito «effetto-ricchezza» – agisce esattamente nel senso contrario, deprimendo i consumi. Subentrano comportamenti più prudenti, ispirati da un'ansia sul lungo periodo: la propensione al risparmio (cioè la quota di reddito messa da parte) era crollata sotto l'1 per cento alla vigilia della grande crisi 2007-2008, ma oggi è già risalita al 5 per cento. Malgrado i redditi siano stagnanti, una parte crescente viene accantonata. E quindi sottratta ai consumi.

Per la Superclasse è arrivato il giorno del giudizio. Dopo trent'anni di ininterrotto aumento delle diseguaglianze, durante i quali l'America dei ricchi era lanciata verso la stratosfera, la recessione ha cambiato tutto. Una secca battuta d'arresto ha colpito l'accumulazione di risorse a vantaggio di una élite privilegiata. L'ascesa di supermilionari e miliardari si è fermata d'un tratto, la crisi li ha centrati in pieno. Statistiche, studi settoriali e aneddotica, tutti i segnali convergono nel confermare questa svolta. John McAfee, celebre inventore di un software antivirus e fondatore dell'omonima azienda, è stato costretto a vendere la sua tenuta nel New Mexico per pagare i debiti, il suo patrimonio è precipitato da 100 milioni di dollari a quattro. Gli resta dunque il 4 per cento della ricchezza che aveva. Non commuoverà nessuno, ma è l'esempio di un trend generale. Si chiude un ciclo di continuo aumento della distanza tra ricchi e poveri che iniziò con gli anni Settanta ed è durato fino alla recessione del 2007-2008. Un'età dell'oro, come la *Gilded age* degli anni Venti del secolo scorso: proprio come allora, caratterizzata da una serie di bolle speculative sui mercati finanziari; e, proprio come allora, conclusa da crac di Borsa e una pesante recessione mondiale.

Il settore Wealth Management della banca Merrill Lynch, che cura le gestioni patrimoniali dei clienti facoltosi, calcola che nel 2008 il numero di americani con un patrimonio netto superiore ai 30 milioni di dollari si è ridotto del 24 per cento. Un altro indicatore: il reddito fornito dai dividendi delle società quotate a Wall Street (un'entrata di cui godono soprattutto i ceti abbienti) è sceso del 20 per cento. È la prima volta che questo accade dal 1959. Anche nella top ten dei più ricchi del pianeta, tutti senza eccezione hanno perso miliardi, da Bill Gates a Warren Buffett, dai fondatori di Google a quelli di Wal-Mart. Tutti i consumi opulenti della Superclasse sono in ritirata. Le aste d'arte e antiquariato per collezionisti segnano una riduzione del volume d'affari del 32 per cento. La squadra di baseball dei New York Yankees non riesce più a riempire le tribune dei VIP, quelle dove i biglietti sono più cari. A Vail, in Colorado, la Cortina d'Ampezzo degli americani, nel 2009 si sono vendute solo cinque case per valori superiori a due milioni di dollari, mentre nel 2007 se n'erano vendute 34 sopra quella cifra.

Uno dei massimi gestori di fondi d'investimento, Mohamed El-Erian del gruppo Pimco, saluta come un fatto positivo «la fine di un periodo anomalo in cui una tremenda quota di ricchezza era solo di carta, generata attraverso i passaggi di mano di attività finanziarie». Insieme a questo benefico ridimensionamento, arretrano certi atteggiamenti di ostentazione dell'opulenza. Anche tra quelli che sono rimasti ricchi, esibire lo spreco diventa un comportamento di cattivo gusto. Poiché l'emulazione dei ricchi è sempre stata una molla potente dietro il consumismo di massa, anche dai vertici della piramide sociale arrivano segnali di conversione alla Slow Economy.

Attenzione, però, a non sposare lo snobismo della decrescita. Chi ha già tutto, e possiede anche il superfluo, può permettersi di affrontare con serenità un periodo in cui l'economia sta ferma. Ma gran parte della popolazione mondiale – inclusi milioni di italiani – non sa che farsene dello svilup po zero. Teme che la Slow Economy prolunghi all'infinito le ristrettezze.

Finita la recessione, il totale dei disoccupati continua ad aumentare inesorabilmente. Solo in America, dall'inizio della crisi mancano all'appello 9,5 milioni di posti. Almeno 5 milioni sono i disoccupati di lunga durata, quelli che rimangono senza lavoro per più di sei mesi: un fenomeno tristemente noto in Europa ma dal quale gli Stati Uniti in passato erano meno colpiti, per la flessibilità del loro mercato. Ogni volta che si apre un'opportunità di impiego, per un posto si presentano in media sei candidati. Il tasso di disoccupazione americano, che era del 4,6 per cento appena due anni fa, è balzato al 10 per cento. Se si aggiungono i sotto-occupati – quelli che devono accontentarsi di posti precari e part-time in mancanza di meglio – la massa sale al 16,8 per cento. È dalla fine della Seconda guerra mondiale che non si verificava un disastro sociale di queste proporzioni. E questo avviene malgrado una generosa distribuzione di spesa pubblica – i 787 miliardi di dollari dello «stimolo Obama» – senza la quale l'impoverimento sarebbe stato ancora più grave.

Gli scenari più realistici ormai situano una vera ripresa dell'occupazione americana attorno al 2014. Prima di allora ci attende solo la *jobless recovery*, cioè la ripresa senza assunzioni. Crescita asfittica e mercato del lavoro immobile. 2014? Cinque anni sono un periodo interminabile. Soprattutto per chi ha perso il lavoro, o ha dovuto ripiegare su impieghi indesiderati e meno pagati, infine per i giovani che concludono gli studi e si presentano sul mercato. La *jobless recovery* comporta un'immensa distruzione di capitale umano. Per i ventenni un'attesa così prolungata crea un vuoto incolmabile di esperienza nei primi anni di contatto con la realtà, quelli che dovrebbero essere i più formativi all'uscita dalla scuola e dall'università. Genera un'insicurezza che si traduce in perdita di autostima. Per i cinquantenni un mercato del lavoro congelato fa svanire rapidamente ogni residua speranza di agganciare un'attività. S'infoltiscono le schiere dei prepensionati, o dei «precari maturi» che si arrangiano in attesa della pensione. Anche questo è un fenomeno distruttivo: peggiora gli equilibri del sistema previdenziale; depaupera il mondo delle aziende di una generazione che in passato era portatrice di esperienza e contribuiva alla formazione dei giovani neoassunti. La disoccupazione è tutte queste cose e altro ancora: lo stress psicologico si diffonde in tanti rivoli, crea milioni di depressi, conflitti familiari, malattie. È per questo che i dati sul mercato del lavoro dovrebbero diventare i più seguiti, i più analizzati, ben più importanti di quell'astrazione che è il Prodotto interno lordo.

La crescita zero è ancora più inquietante se vista dal Sud del pianeta. Per la prima volta nella storia umana soffre la fame più di un miliardo di persone, un sesto della popolazione mondiale. È la stima della FAO, l'agenzia dell'ONU per l'agricoltura e l'alimentazione. «La sicurezza alimentare è sicurezza tout court» dice Josette Sheridan del World Food Programme. «Un mondo affamato è un mondo pericoloso per tutti.» La recessione globale è una causa di questo grave peggioramento: oggi ci sono cento milioni di affamati in più rispetto al 2008. Un altro fattore cruciale è l'inflazione delle derrate agroalimentari che colpisce soprattutto i Paesi in via di sviluppo. Se in Occidente i prezzi sono in flessione, nel Terzo Mondo i generi alimentari restano del 24 per cento più cari rispetto al 2006, un onere insostenibile per il limitato potere d'acquisto delle popolazioni.

La «frontiera della fame» viene situata dagli esperti della FAO a 1800 calorie al giorno. Al di sotto di questo livello di nutrizione i danni per la salute sono spesso irreversibili. La Banca mondiale stima che entro il 2015 moriranno da 200.000 a 400.000 bambini in più all'anno. Il 40 per cento delle donne incinte nei Paesi poveri soffre di anemia, quindi dà alla luce neonati più vulnerabili alle malattie. Il numero di bambini sottopeso aumenterà di 125 milioni l'anno prossimo.

La geografia della malnutrizione resta sbilanciata. Al primo posto viene l'Asia-Oceania, con 642 milioni di persone sotto la soglia della fame: un numero impressionante, che però va commisurato a una popolazione di quattro miliardi. Il primato rispetto alla dimensione demografica spetta all'Africa subsahariana: 265 milioni di affamati, un terzo degli abitanti. Seguono l'America Latina con 53 milioni, Nordafrica e Medio Oriente con 42 milioni. Nei Paesi ricchi abita la quota più piccola, ma pur sempre impressionante, di affamati: 15 milioni di europei e nordamericani sopravvivono a stento, vittime di un'invisibile carestia in mezzo al benessere. «È una contraddizione insopportabile» dichiara il dirigente FAO Kostas Stamoulis «perché gran parte del mondo gode di una ricchezza senza precedenti, anche dopo la recessione, eppure le vittime della fame raggiungono un record storico.»

La crisi colpisce i Paesi dell'emisfero Sud in vari modi. Innanzitutto la battuta d'arresto della globalizzazione non aiuta: calano le esportazioni, si riducono le entrate delle nazioni emergenti. Automaticamente gli Stati hanno meno risorse da destinare ai sussidi alimentari, tagliano le sovvenzioni ai contadini poveri per l'acquisto di sementi e fertilizzanti. Perfino il disastro dei titoli tossici e della malafinanza ha ripercussioni nelle aree più povere del pianeta: le banche fanno meno credito a tutti, compresi gli Stati sovrani del Terzo Mondo. Raccogliere capitali attraverso emissioni di bond sui mercati è diventato più difficile. Un'altra emergenza è il poderoso riflusso dell'emigrazione. Le tensioni xenofobe nei Paesi ricchi sono solo una piccola parte del problema. Ben più grave è l'impatto della crisi in quelle zone come il Golfo Persico che tradizionalmente assorbivano manodopera straniera (da India, Pakistan, Bangladesh, Filippine) e ora ricacciano a casa gli immigrati senza lavoro. Così s'inaridiscono le rimesse degli emigrati, un sostegno vitale per le campagne povere.

Se nei Paesi ricchi la recessione ha avuto almeno un effetto-calmiere sui prezzi, nell'emisfero Sud questo beneficio è pressoché inesistente. Pur inferiori ai picchi dell'iperinflazione esplosa nella primavera 2008, i costi delle materie prime agricole restano insopportabilmente elevati rispetto a un paio d'anni fa. Nelle aree più misere del pianeta, per comprare il cibo essenziale a una famiglia di cinque persone oggi occorre lavorare in media dieci ore in più a settimana.

Il sentiero che porta a una «buona» Slow Economy è stretto. «Fermare il mondo» non è uno slogan credibile che possiamo offrire ai popoli più poveri, alle nazioni emergenti, agli immigrati che abitano nelle nostre città, ai giovani che si avventurano alla ricerca del primo lavoro. Nel mio itinerario di nomade della globalizzazione, cerco di tenere gli occhi aperti per avvistare in tempo le soluzioni nuove che ci possono salvare; e gli errori osceni da non ripetere mai più.

New York, 15 settembre 2009

I

Il consumo frugale

Quando la famiglia Obama si è insediata alla Casa Bianca una delle prime immagini che ha fatto il giro del mondo è stata quella di Michelle che zappava insieme alle figlie per creare un orticello nel sontuoso giardino presidenziale. Più che lanciare una nuova moda, la First Lady ha dato visibilità a un movimento di massa già in atto.

Prima di quel gesto appariscente, in America era già un simbolo nazionale la famiglia Wojtowicz di Alma, Michigan. Il marito Patrick, 36 anni, la moglie Melissa di 37, la figlia quindicenne Gabrielle sono stati scelti dal giornale «USA Today» come i precursori di un nuovo trend: «La frugalità del XXI secolo».

I Wojtowicz hanno restituito alle banche tutte le loro carte di credito. Hanno disdetto l'abbonamento alla TV via cavo. Hanno venduto nei mercatini dell'usato un po' di costosi giocattoli elettronici. Si sono ritirati in una fattoria con forno a legna per cucinare all'antica, porcile e pollaio per allevare gli animali e un campicello di sedici ettari per coltivare frutta e verdura. Il loro obiettivo economico è l'autosufficienza. Il loro obiettivo esistenziale è ritrovare il gusto di stare assieme, il rapporto con la natura, la liberazione dallo stress. Prima Patrick faceva il camionista e Melissa era una libera professionista. Lavoravano duro, guadagnavano abbastanza. Ma non si vedevano quasi mai, e il signor Wojtowicz si è reso conto che la vita di famiglia «era un vuoto».

«Abbiamo cominciato a parlarne» dice «per capire che cosa ci mancava. La prima cosa che ci mancava era lo stare insieme.» Così Patrick ha lasciato il camion, e la famiglia si è ritirata a vivere nel piccolo podere ereditato dai genitori di lui. Far quadrare il bilancio familiare è risultato meno difficile del previsto: «Finché ci sono dei consumi superflui che riusciamo a tagliare senza grossi sacrifici, guadagnare meno non è un dramma».

«USA Today» definisce il nuovo trend «l'economia della sopravvivenza», ma l'espressione suona un po' lugubre. Lo hanno sottolineato i numerosi commenti che i lettori del quotidiano hanno espresso sul sito online. A poche ore dalla pubblicazione dell'articolo sui Wojtowicz, a centinaia reagivano con entusiasmo. «A me sembrano felici» ha scritto una lettrice «ed è esattamente la scelta di vita che mio marito e io stiamo facendo.» Un altro: «Non chiamatela economia della sopravvivenza, questo è un semplice ritorno al buonsenso di una volta». E ancora: «Più roba possediamo, più siamo costretti ad ammazzarci di lavoro per mantenerla».

Se «USA Today» ha deciso di dedicare un ampio ritratto alla famiglia del Michigan, è perché quella scelta di vita sta diventando un fenomeno diffuso. Farsi l'orto è un nuovo hobby talmente popolare che in un anno le vendite di sementi e articoli di giardinaggio sono aumentate del 30 per cento, un balzo in avanti mentre quasi tutti i consumi scendevano. In forte aumento anche le vendite di kit per il cucito e le iscrizioni ai corsi di maglia e uncinetto.

«Questa è la prova che la recessione ha già assunto i connotati di una depressione» osserva la più celebre columnist del «Wall Street Journal», Peggy Noonan. La sua diagnosi non guarda soltanto ai dati dell'economia. Acuta osservatrice della società americana, la Noonan sostiene che l'effetto di questa crisi globale e sistemica «è la scomparsa di un certo spirito, un modo di vedere la vita che è irrimediabilmente superato».

Lo shock colpisce in pieno la generazione dei baby-boomer, i suoi modelli di comportamento, la sua percezione del futuro. «Dal 1968 al 2008» osserva la Noonan «i baby-boomer sono stati l'esercito di formiche che ha generato e goduto la Grande Abbondanza. Sono stati i primi ad arrivare in ufficio quarant'anni fa, e sono ancora gli ultimi ad andarsene adesso. Ma si accorgono che quell'era che loro costruirono si è chiusa, qualcosa di nuovo sta cominciando, qualcosa di più sobrio, sottotono, e al tempo stesso misterioso. Le vecchie manifestazioni esteriori del successo – denaro, status, potere – non avranno più esattamente lo stesso appeal di prima.»

L'editorialista del «Wall Street Journal» è convinta che la frugalità sia il «nuovo chic» e che le ripercussioni di questa svolta si faranno sentire in ogni sfera della vita, fino a capovolgere le nostre immagini personali. «Dalle case in cui abitiamo alle vetrine dei negozi» scrive, «tutto luccicherà meno, si spenderà meno per l'apparenza. Ivi compresa l'apparenza umana. Saremo di nuovi autorizzati a invecchiare. Ci saranno meno chirurgie plastiche, meno lifting estetici, meno Botox, meno capelli tinti o finti. Uomini e donne assomiglieranno un po' di più a quelli di una volta, prima che iniziasse l'era della perfezione. Le persone di mezza età torneranno a essere un po' più molli e un po' più spesse.»

Da Boulder Point (Colorado) a Sandpoint (Idaho), decine di cittadine americane aderiscono al movimento delle Transition Towns, che all'inizio del 2009 ha già reclutato 150 comuni in tutto il mondo. L'idea delle Transition Town è quella di pilotare una transizione verso stili di vita a basso consumo energetico: per esempio, promuovendo l'alimentazione a base di prodotti locali e aiutando l'artigianato di prossimità, per ridurre il ricorso al trasporto merci su lunghe distanze che è molto inquinante. Non sono ricette nuove, il movimento Slow Food le sostiene da tempo.

L'originalità delle Transition Town è un'altra. È un tentativo di inventare una via gioiosa alla frugalità. Anziché colpevolizzare il consumatore, o spaventarlo con visioni apocalittiche del futuro, nelle Transition Town la comunità locale si unisce alla ricerca di nuovi stili di vita condivisi. L'idea è che cambiare abitudini tutti insieme è più facile, più virtuoso, meno ansiogeno. Non si creano tensioni fra gli ambientalisti radicali e gli altri, non ci si divide tra buoni e cattivi, si lavora insieme per definire le nuove regole del gioco, convinti che alla fine il risultato sarà una migliore qualità della vita per tutti. Il «New York Times» osserva che l'esperimento collettivo delle Transition Town riscopre un volto antico dell'America, l'etica puritana dei padri fondatori. Inoltre sembra di rivivere a due secoli di distanza l'avventura del «fourierismo», il movimento socialista-utopista lanciato dal filosofo francese Charles Fourier nell'Ottocento.

Fourier, con un linguaggio di sorprendente attualità, denunciava gli eccessi della rivoluzione industriale del suo tempo e ce l'aveva in particolare con i banchieri. Un capitalismo malato di finanza secondo lui avrebbe portato all'asservimento degli esseri umani dentro le grandi imprese: un «feudalesimo industriale». Per salvare la società, anziché predicare rivoluzioni violente o dittature del proletariato, Fourier proponeva il cambiamento dal basso, una comunità alla volta. I suoi «falansteri» dovevano essere i microlaboratori locali dove sperimentare stili di vita più equi. Ed è proprio negli Stati Uniti che i falansteri ebbero un notevole successo: alla metà dell'Ottocento, in reazione a un crac finanziario e a una dura recessione, 15.000 americani aderirono a dei falansteri.

Calvinismo, puritanesimo, utopismo fourierista sono ingredienti che riaffiorano ancora negli anni Sessanta nel movimento hippy e nelle comuni. L'aspirazione alla frugalità, a una vita fondata su valori essenziali, non è affatto estranea all'identità culturale degli Stati Uniti. Consumismo e austerità si sono contesi l'anima dell'America fin dalla sua nascita. Oggi il consumismo è in ritirata sotto la pressione di uno stato di necessità. Gli squilibri provocati da anni di indebitamento facile hanno innescato dei controaggiustamenti rapidi. In poco tempo la massa delle famiglie americane, facendo di necessità virtù, ha riscoperto una parola che sembrava dimenticata: risparmio. Ancora nel 2008 la quota del reddito che gli americani mettevano da parte era praticamente invisibile: in media lo 0,7 per cento. All'inizio del 2009 la parsimonia era già risalita sensibilmente: riducendo lo scoperto sulle carte di credito, ripagando rate di mutui, rinunciando all'acquisto rateale dell'auto, le famiglie americane avevano risparmiato il 5 per cento del reddito. È una strada obbligata per rimediare agli eccessi del passato. E questo rinsavimento collettivo è agevolato dai mass media, dall'industria della comunicazione, che sfornano nuove ideologie e nuovi trend per accompagnare l'evoluzione dei comportamenti. Anche i ceti privilegiati e opulenti si adeguano. Martha Olney, economista dell'Università di Berkeley e studiosa della Grande Depressione degli anni Trenta, dice che è tipico di queste crisi storiche il repentino ribaltamento dei valori: «La parsimonia e una nuova sobrietà di costumi riemergono come le virtù nazionali di quest'epoca».

Imparare dai cinesi

All'inizio confesso di aver provato un po' di fastidio quando la mia assistente cinese, Zhang Yin, faceva delle fotocopie così sciatte: non riuscivo mai a capire alla prima occhiata qual era il lato da leggere, visto che erano stampati tutt'e due. Sì, perché Zhang Yin non concepisce neppure lontanamente l'idea di inserire nella fotocopiatrice dei fogli di carta bianchi, vergini. Lei riutilizza tutti i vecchi fogli già stampati da un lato, li gira per usare il lato ancora vuoto. Non è un bel vedere, d'accordo, ma si riduce della metà lo spreco di carta. E la spesa. Ora che subiamo tutti – cinesi compresi – l'oppressione della crisi economica, l'attenzione alla riduzione dei costi diventa di colpo altrettanto importante della difesa dell'ambiente. Le due cose, del resto, vanno generalmente d'accordo. In Occidente si parla tanto dell'emergere di un nuovo «consumatore frugale», ma altre parti del mondo sono più avanti di noi in questo campo.

Così ho cominciato a fare attenzione a quelle piccole abitudini quotidiane dei cinesi da cui possiamo imparare come si stringe la cinghia: non per forza a colpi di rinunce drammatiche, ma con una miriade di microaggiustamenti, a volte perfino inconsapevoli perché «ereditati». Ecco un primo elenco nato dalla mia osservazione delle persone con cui vivo a Pechino, i miei vicini di casa e amici cinesi. 1) Le saponette che usiamo per lavarci le mani e il corpo a un certo punto si consumano e diventano così piccole che le buttiamo via: le donne cinesi le conservano, impastano tutti quei pezzetti di saponette in una vaschetta d'acqua e li trasformano in detergente liquido per lavare i vestiti. 2) Per i piatti, pochi usano la lavastoviglie: l'apparecchio costa poco ma il consumo di elettricità e acqua è considerato esorbitante. Come detersivo per i piatti: il vecchio carbonato di soda Solvay che costa la metà. 3) Quando abbiamo finito il bagno, noi svuotiamo la vasca dell'acqua sporca. I cinesi la conservano e poi la usano per lavare i pavimenti di casa. Idem con la doccia, basta farla con una tinozza vicino ai piedi per raccogliere l'acqua prima che finisca nello scolo. 4) L'acqua in cui noi facciamo bollire la pasta, e i cinesi il riso, loro non la buttano nel lavandino: una volta raffreddata è ottima per annaffiare le piante di casa. 5) Lo yogurt ha superato la data di scadenza segnata sul barattolo? Anziché gettarlo lo riciclano come lievito per la pasta: per fare i ravioloni pechinesi pare che funzioni come il nostro lievito di birra. 6) Quando è il momento di cambiare un frigo o una lavatrice ormai troppo vecchi, la famiglia cinese non va da sola al negozio di elettrodomestici. Prima consulta parenti, vicini di casa, amici. Tutti quelli che hanno in progetto un acquisto di elettrodomestici si coalizzano, vanno in gruppo dal commerciante per negoziare forti sconti grazie al potere d'acquisto collettivo. 7) Al posto dell'umidificatore elettrico, un po' di panni bagnati sui termosifoni. E così via...

L'elenco potrebbe proseguire a lungo. La consuetudine del riuso, del riciclo, in tutta l'Asia è molto più diffusa che da noi. E non necessariamente tra persone di basso reddito che faticano ad arrivare alla fine del mese. Le abitudini che ho elencato sono radicate anche nel ceto medio, tra famiglie di Pechino che hanno l'automobile (una sola però), fanno le vacanze all'estero, mandano il figlio all'università. Sono senza dubbio il retaggio di un'epoca non lontanissima in cui tutta la Cina era un Paese molto povero.

Noi italiani per ritrovare negli album di famiglia ricordi precisi di una frugalità sistematica e diffusa ormai dobbiamo risalire alla generazione dei nostri nonni (o, per i più giovani, ai bisnonni). E non sono ricordi allegri: per lo più erano legati alla guerra. Nei cinesi, invece, questa frugalità diffusa è il lascito di generazioni molto più recenti, che hanno vissuto in condizioni modeste fino agli anni Ottanta. I genitori hanno tramandato ai figli le sane abitudini, che non vengono vissute con fastidio. Sono diventate degli automatismi, che non impediscono alla maggioranza dei cinesi di godersi la vita. E, anche in questi tempi di crisi, di andarsela a spassare con gli amici al karaoke bar. Non di sabato sera, però. Al lunedì costa la metà.

Questi buoni esempi di frugalità asiatica me li ritrovo di colpo al polo opposto della mentalità consumistica, nell'opulenta California. A San Francisco la catena di supermercati Whole Foods, specializzati in prodotti agrobiologici e frequentati da una clientela molto benestante, dall'inizio della recessione ha cominciato a distribuire un opuscoletto prodotto dalla California Academy of Sciences. È un elenco di piccoli cambiamenti da adottare nelle abitudini quotidiane, per salvare il pianeta... e al tempo stesso il bilancio familiare. È una lista meticolosa e dettagliata di consigli. Alcuni dei quali mi ricordano in modo sorprendente gli accorgimenti asiatici frutto di pratiche ancestrali; altri sono tipici di una società molto più ricca e sprecona. Tutti insieme sono un centinaio di accorgimenti «quasi» indolori: per chi li prende sul serio e li applica, una bella rivoluzione rispetto all'*American way of life* dell'ultimo trentennio. Ecco qualche esempio del decalogo di San Francisco. Lavate i vostri vestiti solo col programma di acqua fredda della lavatrice, così risparmiate energia e i tessuti si logorano meno rapidamente (addio spot pubblicitari sul «bianco più bianco»). Passate a una dieta quanto più possibile vegetariana, costa meno e vi consente di consumare la stessa dose di proteine con una frazione dello spreco di risorse naturali richiesto dall'allevamento di bestiame (addio paradiso delle steak house e degli hamburger). In automobile rispettate rigorosamente i limiti di velocità per consumare meno benzina; spegnete il motore quando siete fermi al semaforo rosso; non usate l'aria condizionata se potete tenere aperto il finestrino; prendete il treno e l'autobus ogni volta che è disponibile; usate le videoconferenze invece delle costose trasferte di lavoro (un'intera civiltà dell'asfalto e dei jet viene rimessa in discussione).

Il «New York Times» riassume lo spirito del tempo in un'inchiesta sulle nuove forme di emulazione sociale. Fino a ieri la gara dello status symbol era rappresentata dal motto: «Avere di più dei Jones», i vicini di casa tipo. Oggi è diventato: «Rinunciare di più dei Jones».

Psicopatologia del materialismo

Ci sono idee che aspettano il loro momento per essere riscoperte. Di colpo vengono baciate dal successo perché degli eventi traumatici ci costringono a cambiare la nostra percezione del mondo. È il caso del lavoro di Oliver James, autorevole psicoterapeuta inglese che da anni elabora una diagnosi «clinica» del capitalismo contemporaneo. È significativo che oggi a spiegarci i mali dell'economia sia uno psicopatologo, noto per i suoi studi sui disturbi dell'infanzia e sulla violenza giovanile. Non è strano. In fondo il termine «depressione» si usa sia nella scienza economica che in psichiatria. E uno degli ultimi premi Nobel per l'economia ha coronato questo rapporto con lo studio delle interazioni fra la mente umana e i mercati: dal conformismo delle masse all'imprevedibile emotività che guida le scelte dell'investitore finanziario.

Nel suo ultimo saggio, *Il capitalista egoista* (trad. it. Codice Edizioni, 2009), James rielabora e perfeziona la tesi che sostiene da anni. In ogni nazione dove è stata introdotta la versione più avanzata del capitalismo, osserva, la maggioranza dei lavoratori ha visto diminuire la propria quota del reddito nazionale mentre una minoranza di privilegiati si è arricchita enormemente. La sicurezza del posto di lavoro è calata con fenomeni come il part-time, il precariato, la flessibilità. Certe fasce di lavoro dipendente hanno dovuto aumentare le ore lavorate per mantenere lo stesso tenore di vita. Un progresso nel reddito dei ceti medio-bassi, quando c'è stato, è dovuto all'aumento delle donne che lavorano: ma la pressione esercitata su entrambi i genitori affinché svolgano un lavoro retribuito quando i figli sono ancora piccoli non è priva di costi psicologici. In parallelo all'innalzamento dei consumi individuali c'è una crisi del risparmio, l'accesso alla proprietà della casa è difficile, la vita personale è stata colonizzata dal lavoro. Questi danni non sono del tutto nuovi, ma James ritiene che siano aumentati a dismisura con l'avvento del «capitalismo egoista»: una forma particolarmente patogena, con effetti distruttivi sul nostro equilibrio mentale e la nostra serenità. Per «capitalismo egoista» James intende quel sistema economico e quell'ideologia d'ispirazione angloamericana che altri hanno chiamato di volta in volta supercapitalismo, turbocapitalismo, iperliberismo, mercatismo. James ne definisce così i tratti distintivi: «Il primo è che il successo di un'azienda è giudicato dalla sua quotazione in Borsa, invece che dalla sua forza intrinseca o dal contributo che può offrire alla società e all'economia. Il secondo è una forte spinta a privatizzare i beni e i servizi della collettività [...]. Il terzo è una regolamentazione minima dei servizi finanziari e del mercato del lavoro [...] tesa a favorire i datori di lavoro [...], rendendo più semplici assunzioni e licenziamenti. Inoltre, nell'imposizione delle tasse non si tiene conto della ridistribuzione della ricchezza; per le grandi aziende e i ricchi è più facile evitarle, e rifugiarsi nei paradisi fiscali senza infrangere la legge».

Il capitalismo egoista è ansiogeno e psicologicamente distruttivo non solo per l'enfasi posta sulla produttività del lavoro e lo stress da competizione, ma anche perché alimenta aspirazioni irrealistiche e malsane. Qui il consumismo occupa un ruolo nefasto e centrale: non solo il consumo di oggetti materiali ma delle immagini, della nostra stessa personalità. «Nella società del Grande Fratello molte persone pensano che anche loro, un giorno, potranno essere famose. [...] Le tossine [...] più velenose per il benessere sono racchiuse nelle idee per cui la ricchezza materiale è la chiave per il successo, solo i ricchi sono vincenti e l'accesso alle sfere più alte della società è consentito a chiunque [...]; (se non ci riuscite, c'è solo una persona cui potete dare la colpa: voi stessi).»

La pressione sull'individuo aumenta a causa del diffondersi di un darwinismo sociale che giustifica le politiche economiche neoliberiste. L'espressione «sopravvivenza del più forte» (che in realtà non appartiene a Darwin bensì a Herbert Spencer) giustifica immense e crescenti disparità di ricchezza. Chi sta sul gradino più basso ansima e soffre in silenzio, o si sfoga su chi ha vicino.

L'opera di James s'inserisce in una tradizione illustre e pluridisciplinare. Alcune fra le pagine più attuali di Karl Marx riguardano l'alienazione nella società capitalista. L'analisi dell'ingranaggio consumista ha sedotto menti brillanti come l'economista John Kenneth Galbraith, autore della *Società opulenta*, e il sociologo Vance Packard, che ha scritto *I persuasori occulti*, due saggi che alla fine degli anni Cinquanta illuminarono il fenomeno dei «bisogni indotti».

James ha due autori di riferimento importanti. Il primo è il francese Émile Durkheim, uno dei fondatori della sociologia moderna, che con il suo celebre studio sui suicidi nell'Europa del XIX secolo mise in evidenza i costi umani e i danni psicologici prodotti da industrializzazione e urbanizzazione. Il secondo autore, che James considera un vero maestro, è lo psicanalista Erich Fromm, tedesco emigrato negli Stati Uniti. La sua critica del materialismo, formulata oltre mezzo secolo fa (*Psicoanalisi della società contemporanea*, 1955), secondo James contiene tutti gli elementi di una diagnosi attuale. «Abbiamo» scriveva Fromm mezzo secolo fa «un'alfabetizzazione superiore al 90 per cento, abbiamo radio, TV, cinema, un quotidiano per tutti. Ma invece di concederci il meglio della letteratura e della musica passate e presenti, questi mezzi di comunicazione, coadiuvati dalla pubblicità, riempiono le menti con la peggior spazzatura, priva di qualunque senso di realtà.»

Sempre Fromm sosteneva come fossimo divenuti caratteri mercantili: «Il valore dell'individuo dipende dalla sua vendibilità. L'abilità e le competenze non sono sufficienti: bisogna anche essere capaci di "comunicare la propria personalità" nella competizione con gli altri. Buona parte di ciò che viene chiamato amore è ricerca di approvazione. Abbiamo bisogno di qualcuno che ci dica, non solo alle quattro del pomeriggio ma anche alle dieci e a mezzanotte: sei in gamba, vai bene. Si dimostra il proprio valore anche scegliendo la persona giusta; si ha il diritto-dovere di innamorarsi di qualcuno all'ultima moda».

Certamente una società che promuove machiavellismo e camaleontismo, che accentua le diseguaglianze sociali ed esaspera il perseguimento di ogni status symbol, che esalta la selezione del più forte e umilia gli sconfitti, si merita la severa denuncia che fu fatta da Fromm e che oggi James attualizza. Il lavoro dello psicologo inglese convince meno quando individua negli Stati Uniti e nella Gran Bretagna una patologia molto più grave che negli altri Paesi; e ritiene che i livelli di «stress emotivo» nel capitalismo angloamericano siano di gran lunga superiori.

Di certo gli va riconosciuto il rigore dell'approccio scientifico. James non pretende di misurare la felicità umana. Si limita alla sindrome dello stress emotivo, come viene definita dall'Organizzazione mondiale della sanità (OMS). Dalle stesse ricerche dell'OMS trae il principale sostegno alla sua tesi: lo stress emotivo, nei Paesi caratterizzati dal modello economico anglosassone, risulterebbe molto superiore rispetto all'Europa continentale, al Giappone, ai Paesi emergenti. James riconosce uno dei rischi di queste statistiche: le indagini sul terreno possono dare risposte viziate da culture profondamente diverse. «I cinesi» ammette l'autore «concettualizzano le domande sugli stati mentali in maniera diversa dagli occidentali.»

Lo rassicura il fatto che gli esperti dell'OMS hanno elaborato le loro domande «nel tentativo di renderle più neutre possibile rispetto alla cultura». Resta tuttavia difficile convincersi di fronte a questi dati: la percentuale della popolazione che ha sofferto di stress emotivo raggiunge il record del 26 per cento negli Stati Uniti mentre risulta appena un terzo di quella percentuale in Germania (9 per cento), in Giappone (8,8 per cento) e in Italia (8,2 per cento). Sorge il dubbio che risultati tanto differenziati siano il prodotto di una diversa capacità o disponibilità a riconoscere come tali i sintomi dello stress emotivo. Stupisce il fatto che esso risulti bassissimo in Cina, dove il «darwinismo sociale» è forte, la selezione nel sistema scolastico è spietata, la competizione sul mercato del lavoro raggiunge punte estreme. Lo stesso sospetto si insinua nei raffronti storici. «Oggi un americano ha possibilità fra le tre e le dieci volte più alte di soffrire di depressione rispetto al 1950» scrive James. Mezzo secolo fa però c'era molta più reticenza a confessare le proprie sofferenze, l'ambiente sociale tendeva a demonizzare la malattia mentale, i sintomi della depressione non venivano diagnosticati con la stessa facilità.

C'è poi un capitolo in cui James analizza i danni psicologici del materialismo: «Una delle ragioni principali dell'infelicità dei loro rapporti è che attribuire grande valore alla ricchezza, allo status e all'immagine porta i materialisti a sminuire le relazioni intime e il coinvolgimento nella comunità. [...] I materialisti hanno tratti specifici che li rendono particolarmente inclini alla reificazione, essendo considerevolmente meno generosi e più egoisti, pronti a ignorare i bisogni umani degli altri».

Qui l'autore scivola dalla critica al capitalismo contemporaneo a una critica rivolta a una tipologia caratteriale, una categoria di persone e di valori morali che s'incontra in ogni epoca e in ogni civiltà: da Re Mida all'Avaro di Molière, da Donald Trump al capitalismo pirata della contraffazione in Cina. Lo stesso James peraltro ammette che le eccessive diseguaglianze sociali dell'ultimo decennio rappresentano un ritorno a epoche passate, come gli anni Venti del secolo scorso, già caratterizzate da una polarizzazione acuta fra le classi.

Resta il fatto che *Il capitalista egoista* ha il dono della tempestività. Coglie l'aria del tempo che viviamo. Interpreta la traumatica delusione nei confronti delle promesse di un modello economico oggi imploso per le sue contraddizioni. E nella saggezza dello psicologo c'è anche spazio per uno squarcio di speranza: «È sempre possibile che un'alternativa migliore sia proprio dietro l'angolo e che, per quanto pazzi possiamo essere, alla fine riusciremo a far prevalere il buonsenso».

II

Il prossimo shock energetico

Per noi stranieri residenti a Pechino l'aria infetta che respiriamo è un argomento di conversazione pressoché inesauribile. Le nostre narici imparano a discernere i livelli di polveri tossiche con la precisione dei più raffinati sensori elettronici. Dopo qualche anno di esperienza distinguiamo olfattivamente i diversi veleni senza più confonderli tra loro: la puzza dello zolfo emanato dai motori diesel dei Tir; l'esalazione del carbone bruciato dalle centrali termoelettriche; il fetore della diossina vicino alle discariche; l'odore più comune del pulviscolo di cemento che circonda ogni cantiere edile della capitale.

Ciascuno di noi ha accumulato aneddoti personali che possono riempire intere cartelle cliniche. Chi lamenta bruciore agli occhi, chi ha strane nausee, o esibisce i risultati dell'ultima lastra ai polmoni con le prove evidenti del «fumo di Pechino» che respiriamo quotidianamente (è un classico, se il medico occidentale non è al corrente mi chiede se ho ripreso a fumare: la risposta è sì e no, la mia Marlboro si chiama Cina). Chi ha figli piccoli fa il calcolo dei giorni che mancano alle prossime vacanze scolastiche, da passare obbligatoriamente sulle Alpi o su isole selvagge e incontaminate per disintossicare i bambini. Ci sono mogli che danno ai mariti degli ultimatum: ancora un anno qui e poi ti fai mandare in un altro posto dalla tua azienda, perché non possiamo morire di cancro per la tua carriera. I single più sportivi si consolano progettando il prossimo trekking sul Tibet, dove a 5000 metri di altitudine l'aria è rarefatta ma purissima e si inspira con voluttà, come fosse una droga. C'è chi aveva abbandonato le sigarette e ha ricominciato per la disperazione: se devo suicidarmi lentamente preferisco inalare il fumo del tabacco, che almeno ha un gusto meno schifoso.

Perciò è stato con estrema circospezione che nell'autunno del 2008 abbiamo accolto i primi segnali che qualcosa stava cambiando, in meglio. All'inizio eravamo scettici. Qualche settimana con meno smog può essere del tutto casuale, magari la conseguenza di temporanee variazioni atmosferiche, come una stagione più ventosa del solito. I pessimisti non volevano proprio crederci e si sono autoconvinti della spiegazione peggiore, cioè che ci stiamo abituando a vivere in mezzo a questi miasmi, che stiamo diventando come i cinesi. Molti hanno pensato che il momentaneo miglioramento dell'aria potesse essere uno strascico benefico ma di breve durata delle misure prese dal governo durante i Giochi olimpici dell'agosto 2008: le chiusure a termine di alcune fabbriche e centrali elettriche, l'introduzione della circolazione delle auto a targhe alterne. Però la schiarita durava anche quando le misure speciali per le Olimpiadi erano scadute da un pezzo. I colleghi dell'agenzia di stampa Associated Press hanno ingaggiato esperti ambientali indipendenti, non cinesi, perché facessero dei test. Il risultato è stato confortante: nell'ultimo trimestre del 2008 a Pechino i livelli di inquinamento atmosferico sono risultati inferiori del 25 per cento rispetto ai sette anni precedenti. La capitale cinese rimane, sia chiaro, una città malsana, fra le metropoli più inquinate del pianeta. Ma ci sono i segni di un'inversione di tendenza. Come si spiega? Lo scienziato Chak Chan della Hong Kong University of Technology non ha dubbi: «È la recessione».

Non solo a Pechino ma in tutta la Cina è stata osservata

la stessa tendenza. Nella provincia meridionale del Guangdong si stima che abbiano chiuso per bancarotta 62.400 imprese in un solo trimestre, fra ottobre e dicembre del 2008. Quando così tante fabbriche improvvisamente si fermano, è evidente che smettono di rilasciare sostanze inquinanti nell'atmosfera. I consumi elettrici nel 2009 sono scesi, per la prima volta da molti anni. Si sono ridotti il traffico aereo e quello navale. La fine della bolla speculativa nel settore immobiliare ha rallentato l'apertura di nuovi cantieri per edificare grattacieli a Shanghai. Tutte le cause dell'inquinamento sono state inevitabilmente ridimensionate. Durante un rallentamento così generalizzato, sarebbe davvero strano se l'inquinamento atmosferico rimanesse identico rispetto ai livelli raggiunti negli ultimi anni del boom.

Questa constatazione sembra dare definitivamente ragione ai fautori della «decrescita»: gli ambientalisti più radicali, convinti che l'unico modo per salvare il pianeta sia quello di fermare lo sviluppo economico. La loro equazione ha una logica stringente. Meno crescita materiale uguale meno inquinamento, meno distruzione di risorse naturali, meno CO_2 nell'aria. In diverse forme il vangelo della decrescita circolava già da anni in Europa. La Grande Recessione è stata l'occasione per un test empirico importante.

In realtà nel passato c'erano già stati casi simili, sia pure su scala più ridotta. Lo scienziato ambientale Kenneth Rahn, dell'Università di Rhode Island, ricorda che quando crollò l'Unione Sovietica e tutta l'Europa dell'Est entrò in una lunga crisi economica i livelli di smog sopra il circolo polare artico diminuirono del 50 per cento. La chiusura di tante fabbriche in Russia e nei suoi ex satelliti aveva già provocato gli stessi effetti, che sono visibili vent'anni dopo in Cina. Tra l'altro tutte queste nazioni ex o post o neocomuniste hanno in comune la centralità del carbone e dell'industria pesante, molto inquinanti. «Una riduzione dell'attività economica» dice Rahn «automaticamente abbassa i livelli di inquinamento.»

A breve termine è senz'altro così: essere più poveri ci impone di essere un po' più verdi. Ma per l'ambiente si tratta di una conquista duratura?

Se il sole non sorride più

Era fiera della sua nuova fama planetaria, la città di Wuxi. Grazie all'ascesa dell'azienda Suntech Power questo borgo nella provincia costiera del Jiangsu, a due ore di auto da Shanghai, era stato definito la capitale mondiale dell'energia solare.

Nel campo dei pannelli fotovoltaici la Repubblica popolare si è imposta come il primo esportatore al mondo, sorpassando Germania e Giappone. E la Suntech era leader globale nel suo settore. Ma quando la visito, nel dicembre 2008, in uno dei 48 reparti di produzione dell'azienda c'è solo la guardia giurata. Ai tecnici e agli operai è giunto l'ordine di presentarsi un giorno alla settimana. La metà degli stabilimenti Suntech è chiusa, 2000 dipendenti licenziati. Insieme a lei anche le concorrenti Sunpower Solar Water Heater di Changzhou, JA Solar, LDK Solar, Trina Solar (tutte aziende dai nomi inglesi per facilitare l'export, ma con proprietari e stabilimenti cinesi al cento per cento) sono finite in serie difficoltà. Il presidente di Solar Enertech, Leo Young, evoca un'analogia sinistra: «Per il solare è giunto il giorno del giudizio come accadde per la bolla di Internet».

Stiamo già dando segnali di disaffezione dall'energia solare? Questo è il verdetto che sembra arrivare dalla Cina, il termometro più sensibile di quel che accade qui da noi. Perché se la Germania ha il maggior numero di centrali solari al mondo installate sul suo territorio, a uso interno, nella Repubblica popolare invece la produzione di pannelli fotovoltaici è per il 95 per cento destinata all'export, verso l'America e, soprattutto, l'Europa. Il crac del solare made in China è colpa nostra. In pochi mesi Wuxi è stata disertata dalle delegazioni di businessmen occidentali, *hedge funds* e banchieri d'affari, un tempo vogliosi di saltare sul carro delle fonti alternative. Nel 2007 la Cina era diventata l'epicentro di questa corsa all'«oro verde», l'energia pulita e rinnovabile che non emette un solo grammo di CO_2 nell'atmosfera. In quell'anno dalla Silicon Valley californiana e da Londra i fondi di *venture capital* (quel capitale di rischio specializzato nella scoperta di giovani imprese innovative) avevano investito 2,8 miliardi di dollari nel solare cinese. Alla fine del 2007 per rispondere a questa irresistibile attrazione la Suntech aveva aperto una filiale a San Francisco. La produzione di pannelli fotovoltaici made in China era balzata fino a raggiungere la capacità di 1088 megawatt. Dei sedici maggiori fabbricanti mondiali di pannelli fotovoltaici, sei hanno base nella Repubblica popolare e dietro questi grandi ci sono altri 400 piccoli produttori locali. Il boom del solare faceva parte di un trend più generale: a fine 2007 in Cina si contavano 30.000 imprese attive nel business ambientale, con tre milioni di dipendenti e 700 miliardi di yuan di fatturato.

Anche se nello stesso anno il gigante asiatico si era distinto per un sorpasso nefasto, togliendo all'America il primato mondiale delle emissioni di CO_2, c'era un'altra Cina, la parte più avanzata del suo capitalismo, che aveva colto la nuova opportunità delle tecnologie verdi. L'evoluzione piaceva ai leader politici. Il presidente Hu Jintao e il premier Wen Jiabao, pur rifiutando di legarsi le mani con gli impegni di Kyoto, negli ultimi anni avevano cominciato ad aprire gli occhi davanti agli immensi danni di una crescita economica energivora e terribilmente inquinante. Il termine «sviluppo compatibile» era entrato nei discorsi ufficiali dei dirigenti di Pechino. Gli intraprendenti capitani d'industria che si erano lanciati nella produzione dei pannelli fotovoltaici erano l'avanguardia di una nuova Cina, il laboratorio di gestazione di un modello di crescita diverso. Lo shock della recessione ne ha messo a nudo la vulnerabilità.

Se si fa un calcolo strettamente economico, cioè senza

contabilizzare i danni dell'inquinamento, l'energia solare ottenuta con le tecnologie attuali non è competitiva rispetto ai carburanti fossili (gas o carbone) per produrre corrente elettrica. Ma nel periodo che ha preceduto il luglio 2008 la folle corsa al rialzo del prezzo del petrolio aveva consigliato di guardare a un orizzonte più lontano. Nell'estate del 2008 il barile di greggio era giunto a costare 147 dollari. Certi esperti allora assicuravano che avrebbe raggiunto i 200 dollari entro pochi mesi. Dalla Germania alla California diversi governi del mondo offrivano già incentivi fiscali generosi a chi installava impianti di energia solare. Con quelle detassazioni e con il greggio a 147 dollari il barile, i pannelli fotovoltaici diventavano un'alternativa interessante anche sotto il profilo dei costi. Poi la recessione ha fatto crollare il prezzo del petrolio. Meno di un anno dopo aver raggiunto i livelli massimi del luglio 2008, valeva appena un terzo. La caduta dei consumi è stata amplificata dalla speculazione finanziaria, proprio com'era accaduto durante il rialzo. Il petrolio ha trascinato nella sua scia il ribasso di altri carburanti fossili, dal gas al carbone, come sempre accade nel caso di materie prime in parte sostituibili fra loro e concorrenti. L'appetibilità di tutte le fonti rinnovabili, in una logica contabile di breve termine, è diminuita. Certo, bisognerebbe guardare al lungo periodo: agli effetti catastrofici del cambiamento climatico; ai costi che la dipendenza energetica dal Medio Oriente fa pesare sulla nostra sicurezza. Ma non è così che ragiona la maggior parte dei governi, o degli operatori economici.

Il solare cinese non è l'unica vittima della recessione-deflazione globale. Theolia, il colosso francese delle energie alternative, ha cancellato l'idea di creare una nuova filiale dedicata ai Paesi emergenti. Il magnate americano T. Boone Pickens, che aveva in cantiere la più grande centrale eolica del mondo nel Texas, ha congelato il progetto. Un'altra impresa specializzata nell'energia generata dalle pale a vento, la britannica Centrica, ha bloccato tre piani per la creazione di nuove centrali eoliche. Oltre all'improvviso ritorno di temibili concorrenti come il petrolio o il carbone a buon mercato, un ulteriore svantaggio per le fonti rinnovabili è che spesso richiedono finanziamenti a lungo termine. La crisi bancaria ha reso gli investitori ossessivamente prudenti; trovare fondi per progetti decennali è diventato molto più difficile.

I benefici della decrescita per l'ambiente appaiono allora sotto una luce ben diversa: si scopre che sono del tutto effimeri. Una battuta d'arresto nella produzione di smog fa piacere, soprattutto a noi abitanti di Pechino. Ma se l'impatto più profondo e durevole della Grande Recessione è quello di deprimere il settore delle energie rinnovabili, allora la decrescita si rivelerà una maledizione per l'ambiente. Quando ripartirà – perché ripartirà in qualche modo – lo sviluppo economico avrà gli stessi difetti di prima, se nel frattempo gli investimenti verdi saranno stati trascurati. È quel che accadde del resto in Russia nel «decennio sprecato»: la lunga depressione seguita alla scomparsa dell'Unione Sovietica non fu l'occasione per convertirsi a uno sviluppo sostenibile e rispettoso dell'ambiente.

L'effetto perverso della crisi economica è ben visibile in una delle zone culturalmente più «verdi» del pianeta, la California. Nel 2007 e nel 2008 la Silicon Valley, insieme a tutta l'area della Baia di San Francisco, si era dedicata con vigore alla sua nuova vocazione: dopo l'informatica e Internet, l'ultima ondata di innovazioni californiane era rivolta alle tecnologie verdi. Il *venture capital* si era diretto abbondantemente verso la ricerca nel campo delle energie rinnovabili. Tra i settori promettenti c'erano i biocarburanti. Non il vecchio bioetanolo fatto con i cereali – che probabilmente è più inquinante del petrolio, oltre a provocare scarsità alimentare – bensì altri biocarburanti estratti da alghe o residui della lavorazione del legno, soluzioni altamente efficienti per il risparmio di risorse naturali. Da sole, le imprese della Silicon Valley che facevano ricerca nel campo dei biocarburanti di «seconda generazione» avevano attratto un miliardo di dollari di *venture capital* nel corso del 2008. La recessione ha penalizzato anche loro. In attesa di verificare quanto siano solide le intenzioni dell'amministrazione Obama, la gelata del credito ha colpito anche tante iniziative verdi.

Il ruolo occulto del petrolio

Sul finire del 2008 eravamo troppo assorbiti dallo shock della crisi bancaria per poterci ricordare di un curioso «anniversario»: il decennale di un controshock petrolifero legato ad altre turbolenze della finanza. Dieci anni prima, il mondo stava soffrendo le conseguenze della crisi asiatica, poi della bancarotta russa, infine del crac dello *hedge fund* LTCM.

Una delle vittime di quei sussulti finanziari fu il prezzo del petrolio. Il 10 dicembre 1998 la quotazione del greggio sui mercati mondiali toccò un minimo storico: 9,64 dollari. Proprio così: nove dollari e sessantaquattro centesimi per un barile della qualità North Sea Brent. Nel luglio 2008 lo stesso barile costava 147,50 dollari. All'inizio del 2009 è ridisceso fino a 40 dollari.

Esiste una razionalità economica che possa spiegare fluttuazioni così esorbitanti?

È il mistero del bevitore di petrolio diventato sobrio all'improvviso. Fino al luglio del 2008 il mondo intero additava la Cina come la grande colpevole di avere portato il prezzo del barile di greggio al suo record storico. Inoltre la convinzione dominante era che il petrolio sarebbe salito più su, molto più su. La Goldman Sachs prevedeva 200 dollari al barile entro Natale, altri si spingevano perfino oltre. Dopo pochi mesi i mercati hanno deciso che il greggio poteva valere appena un terzo rispetto ai massimi dell'estate 2008. Ma che fine hanno fatto le pseudocertezze scientifiche di chi teorizzava la penuria imminente e l'iperinflazione energetica causata dai consumi delle nazioni emergenti? La Cina è sparita?

Sembra lontano il tempo in cui la Repubblica popolare era sul banco degli imputati, accusata da mezzo mondo di essere la causa strutturale di un insostenibile aumento dei prezzi energetici mondiali. Eppure fino al primo semestre del 2008 molti dati sembravano dare davvero ragione a chi indicava nella domanda cinese la causa principale dell'inflazione petrolifera. Da gennaio a fine giugno del 2008 i consumi di prodotti petroliferi raffinati nella Repubblica popolare – benzina, gasolio e cherosene – sono saliti del 14,6 per cento, raggiungendo così il livello di 106 milioni di tonnellate. L'impatto sui mercati mondiali era innegabile, vista la crescente dipendenza della Cina dagli approvvigionamenti esterni. È possibile che sia stata solo la crisi finanziaria nata negli Stati Uniti a capovolgere completamente il quadro?

Nelle analisi più approfondite degli eventi del 2007-2008 emerge un ruolo occulto del petrolio: l'andamento folle dei prezzi energetici, prima al rialzo e poi al ribasso, non è stato solo un termometro della crisi, un sensore dalle reazioni esagerate per l'interferenza della speculazione finanziaria sui *futures*. C'è un retroscena della Grande Recessione, che va ricostruito in parallelo con i crac bancari. Mentre in America implodevano i colossi di Wall Street, nell'economia reale stava maturando un'altra crisi globale: c'erano i sintomi precisi e concordanti di una classica crisi ciclica da sovrapproduzione (soprattutto made in China), con lo stress inevitabile sui prezzi di produzione. L'eccesso di domanda delle materie prime stava già mettendo in crisi molti settori industriali. C'erano tutti gli ingredienti per uno shock energetico. Poi il grande botto lo hanno fatto le banche di Wall Street, che hanno contagiato alla velocità della luce le consorelle europee. E di colpo la nostra atten zione si è concentrata sull'epicentro finanziario. La con causa è passata in secondo piano. Ma era già pronta un'altra crisi, una recessione da shock energetico. Perciò il crac delle banche è stato amplificato in modo smisurato: perché ha colpito un'economia reale che era già gravemente indebolita da un morbo nascosto. Questa crisi parallela e sotterranea non va dimenticata, perché tornerà fra noi prima di quanto ce l'aspettiamo.

Il ciclo delle materie prime è pericoloso. È un esempio perfetto dei meccanismi con cui i mercati si «autoregolano»: passando da un eccesso all'altro, e sempre con danni catastrofici. In questo momento si stanno creando le premesse del prossimo shock energetico. È solo svelandolo che possiamo sperare di cambiare il corso della storia.

Com'è «sparita» la crisi energetica che ci attanagliava fino all'estate 2008? Sotto il peso di una recessione che per la prima volta da trent'anni ha colpito simultaneamente le tre principali aree di sbocco delle esportazioni cinesi (USA, Europa e Giappone), la crescita economica della Repubblica popolare ha iniziato a rallentare. I consumi energetici hanno seguito la stessa curva. Il numero uno della compagnia petrolifera PetroChina, Jiang Jiemin, osserva che «tutto è cambiato nell'arco di un mese». Nel novembre 2008, per la prima volta dopo un decennio di boom dei consumi energetici, gli acquisti di greggio effettuati dalla Cina sono diminuiti, scendendo dai 13,61 milioni di tonnellate del novembre precedente a 13,36 milioni. China National Petrochemical Corp., più nota come Sinopec, ha registrato un calo del 3,2 per cento delle sue vendite complessive di prodotti petroliferi sul mercato domestico. Nell'autunno 2008 il comparto automobilistico in Cina ha subito un rallentamento nella sua crescita impetuosa, cosa che non succedeva dalla crisi asiatica del 1997. Un altro settore «energivoro» sprofondato repentinamente nella crisi è stato il trasporto aereo: il governo di Pechino ha dovuto ordinare a tutte le compagnie aeree di sospendere gli acquisti già programmati di nuovi apparecchi Boeing e Airbus, visto che i passeggeri stavano diminuendo e il settore dava segni di sovraccapacità.

Uno sguardo attento ai numeri suscita qualche sospetto. Com'è possibile che un calo del 3,2 per cento dei consumi petroliferi cinesi faccia precipitare il barile di greggio da 147 a 40 dollari in pochi mesi? Dov'è l'equilibrio tra la domanda e l'offerta, se un calo dei consumi cinesi di pochi punti percentuali provoca un tracollo rovinoso nei prezzi? La spiegazione in questo caso va cercata nel ruolo perverso della speculazione finanziaria. Il mercato dei *futures*, il casinò dove si puntano scommesse sul futuro, amplifica e ingigantisce i movimenti dell'economia reale. Fino all'estate del 2008 il casinò guardava alla crescita della Cina, la proiettava nei decenni futuri, e usava quel trend per alimentare una folle corsa al rialzo. Poi i giocatori d'azzardo hanno cambiato scenario, tutta la loro attenzione è stata monopolizzata esclusivamente dalla recessione. E così una riduzione modesta dei consumi petroliferi asiatici è stata amplificata fino a provocare il tracollo del greggio. Il rallentamento nella corsa dell'energivora Cina è stato rappresentato quasi come uno «sciopero» dei consumi.

Così come la speculazione al rialzo ha fatto gravi danni, lo stesso avviene per la speculazione al ribasso. Abbiamo visto le ripercussioni nefaste sull'energia solare. Ma il petrolio a buon mercato fa tanti altri danni. Gli automobilisti americani che sembravano «rinsaviti» – le vendite di SUV nel 2008 erano crollate – hanno voltato le spalle all'auto ibrida. Non appena la benzina è tornata a buon mercato, nei piazzali dei concessionari si sono accumulate le Toyota Prius invendute. Inoltre uno degli effetti perversi della crisi è che le imprese chiedono ai governi di allentare i vincoli ambientali, invocando l'impossibilità di sopportare costi aggiuntivi in una fase di acuta emergenza. Sotto il ricatto dei licenziamenti collettivi, pochi governi sanno resistere a queste pressioni. In ogni campo e in ogni parte del mondo, affiora la tentazione di rinviare a tempi migliori le scelte pro ambiente.

Perciò i benefici della decrescita sono illusori e di breve

durata. La riduzione dello smog a Pechino? La Cina continua a dipendere per oltre i due terzi della sua produzione energetica dal carbone: è la materia prima più inquinante ma è anche la meno costosa e la più abbondante sul territorio della Repubblica popolare. Una conseguenza della recessione internazionale è accelerare la costruzione di nuove miniere di carbone: 1563 sono pronte a entrare in attività in un solo biennio, aumentando così la capacità di produzione di carbone da 2,5 a 3,3 miliardi di tonnellate all'anno.

Un indicatore dei problemi futuri è il comportamento delle compagnie petrolifere. Durante l'impennata dei prezzi del greggio, le multinazionali si erano improvvisamente scoperte una nuova vocazione verde. La compagnia inglese Bp aveva perfino giocato sul significato delle sue iniziali: all'origine stanno per British Petroleum, ma ecco che i suoi dirigenti amavano definirsi «Beyond Petroleum», cioè «oltre» il petrolio. Dalla Chevron alla Shell, esaltanti campagne pubblicitarie annunciavano all'opinione pubblica mondiale la lieta novella: i big del petrolio erano diventati sostenitori delle energie rinnovabili, investendo le loro ricche risorse nello sviluppo delle fonti alternative. In buona parte quei messaggi erano menzogneri, fumo negli occhi, tattiche degli addetti alle relazioni pubbliche per adeguarsi alle «mode» ideologiche del momento. Quando si vanno a guardare i dati concreti, si scopre che l'investimento delle compagnie petrolifere nella ricerca di fonti alternative è rimasto sempre modestissimo. La Shell, per esempio, nel bilancio 2004 ha riservato 1,7 miliardi di dollari alla ricerca nel settore delle fonti rinnovabili, mentre nello stesso anno investiva 87 miliardi di dollari per lo sviluppo dei suoi progetti in quello del petrolio e del gas.

Il ribaltone verificatosi a metà del 2008 sul fronte dei prezzi ha smascherato le bugie delle compagnie petrolifere. La Shell ha dismesso le sue attività nel solare e nell'energia eolica. Stessa musica alla Bp, che ha dimenticato con disinvoltura la sua anima «verde». Ma quel che è più grave è il comportamento delle compagnie petrolifere nel loro tradizionale ambito di attività: in piena «ritirata ciclica», stanno creando tutte le premesse del prossimo shock energetico. Tagli massicci sono infatti stati decisi anche negli investimenti destinati a settori quali l'esplorazione, l'estrazione, la distribuzione e la raffinazione del petrolio. Ben 35 progetti di quel tipo, solo nell'area OPEC, sono stati accantonati e rinviati a dopo il 2013. In sostanza le compagnie petrolifere stanno preparando la prossima penuria, che farà nuovamente esplodere i prezzi al rialzo. Il ministro del Petrolio dell'Arabia Saudita, Ali al-Naimi, ci avverte senza mezzi termini: «Quando i prezzi del greggio diventano troppo bassi, si seminano i germi della prossima inflazione e di una nuova volatilità. Se si trascura di pianificare il futuro, e ci si concentra solo sulla sopravvivenza a breve termine, la punizione arriverà sotto forma di nuove scarsità e di una nuova corsa al rialzo».

Di fronte alle oscillazioni estreme dei prezzi di tutte le materie prime, che abbiamo visto passare dall'iperinflazione alla deflazione nel giro di pochi mesi, il passato ci offre lezioni preziose. Guai a estrapolare i trend all'infinito. Come non esistono i rialzi senza fine, lo stesso vale per i ribassi. Non va dimenticato che le politiche di bilancio attuate nel mondo intero per combattere la recessione – ed evitare che si trasformi in una Grande Depressione – hanno iniettato quantità immense di liquidità monetaria nelle grandi economie: Stati Uniti, Cina, Unione europea. Alla lunga quella medicina provocherà qualche effetto collaterale indesiderato. Che cosa si sta facendo per prevenire il prossimo shock energetico? Il «mercato» abbandonato alla sua razionalità – cioè alla logica delle compagnie petrolifere – si comporta come ha sempre fatto: corregge i suoi eccessi preparandone degli altri.

New Deal verdi, uno e due

«Questa crisi può diventare l'occasione per accelerare il cambiamento.» Sembra uno slogan di Barack Obama, invece lo ha detto Zhang Guobao, direttore generale del ministero dell'Energia a Pechino. La Repubblica popolare sfida l'America sul tema favorito dell'amministrazione Obama: anche il New Deal cinese si colora di verde. Tra gli obiettivi della manovra da 600 miliardi di dollari varata a Pechino alla fine del 2008 per rilanciare la crescita, il risparmio energetico occupa una posizione di rilievo. La Cina vuole investire 580 miliardi di yuan (circa 58 miliardi di euro) per potenziare la produzione di energia nel corso del 2009, ma dal «tutto carbone» del passato la differenza è notevole. I progetti selezionati puntano ad aumentare in modo rilevante la quota delle energie rinnovabili, eolica e solare, nonché del nucleare. La capacità di produzione di energia eolica della Cina già oggi è seconda solo a quella degli Stati Uniti. Uno studio del Global Wind Energy Council prevede che entro un decennio l'energia prodotta grazie al vento in Cina avrà raggiunto i 122 gigawatt, eguagliando così l'intera produzione della celebre centrale idroelettrica costruita con la diga delle Tre Gole sul fiume Yangtze (il più grande impianto idroelettrico del mondo).

Uno sforzo importante riguarda anche il nucleare: entro tre anni il governo di Pechino punta ad aprire otto nuove centrali per un totale di 16 reattori. Se oggi il nucleare soddisfa appena l'un per cento del fabbisogno energetico cinese, l'obiettivo è di portarlo rapidamente al 5 per cento. Il carbone resterà per un bel po' di tempo la materia prima più usata per produrre elettricità in Cina, e i danni di questa dipendenza non riguardano solo l'ambiente: le stesse statistiche ufficiali del governo cinese rivelano che, tra vittime di incidenti sul lavoro e per malattie respiratorie, ogni anno 100.000 minatori muoiono per estrarre il carbone. Tuttavia anche in questo settore il New Deal ambientalista cerca di imprimere il segno del cambiamento. Il ministero dell'Energia di Pechino accelera la chiusura progressiva di molte centrali a carbone, prendendo di mira gli impianti più piccoli, vecchi e inquinanti.

Complessivamente le centrali termoelettriche a carbone destinate alla chiusura rappresentano una potenza di 13 gigawatt nel 2009, 10 gigawatt nel 2010 e 8 gigawatt nel 2011. Verranno sostituite con altre centrali a carbone di nuova generazione, più grandi e meno inquinanti, per un totale di capacità pari a 50 gigawatt. La progressiva dismissione di vecchi impianti ha già fatto scendere i consumi medi dai 370 grammi di carbone per kilowattora del 2005 agli attuali 349. L'entrata in funzione dei nuovi impianti dovrebbe ridurre ulteriormente consumi e inquinamento. Una centrale termoelettrica di nuova generazione come lo Huaneng Power International di Yuhuan (un gigawatt) consuma solo 283 grammi di carbone per kilowattora.

Resta aperta anche l'opzione del «carbone pulito», cioè i progetti che puntano a captare e sotterrare le emissioni di CO_2: ve ne sono in cantiere sia con aziende italiane che scandinave e giapponesi. Finora la messa a punto del «carbone pulito» è stata frenata dai costi elevati di queste tecnologie. Ma i leader cinesi sembrano orientati davvero a sfruttare le opportunità create dalla recessione per operare cambiamenti che in passato non sono stati possibili. Fino al 2008 l'aumento esponenziale dei consumi di elettricità ha costretto la Cina ad aprire in media due nuove centrali a settimana: una folle corsa che non consentiva tregue e relegava in secondo piano la tutela dell'ambiente.

Con la crisi e il rallentamento dei consumi energetici, si può creare un margine di manovra per cambiare il modello di sviluppo cinese. Una sfida fondamentale per il destino dell'umanità intera: da quando è avvenuto il sorpasso Cina-USA per quanto riguarda il volume di CO_2 emesso nell'atmosfera, è chiaro a tutti che non si può invertire la tendenza alla distruzione del pianeta se queste due superpotenze non procedono insieme. L'America campionessa nello spreco pro capite, la Cina leader nell'inquinamento misurato su scala nazionale: i due corni del dilemma sono loro. Il capitalismo più consumista e il capitalismo a carbone. La patria originaria degli shopping mall e la fabbrica del pianeta.

A Pechino come a Washington è decisivo il ruolo del sistema politico. Il capitalismo made in China non trova all'interno della società civile i contrappesi e i contropoteri per arginare i suoi impulsi distruttivi. Non ci sono sindacati liberi. Il movimento ambientalista è limitato dalle restrizioni alla libertà di espressione e di manifestazione. La stampa e la magistratura sono troppo controllate dal regime per esercitare una vigilanza efficace. Dunque, finché in Cina non si apre una stagione di riforme democratiche, tutto è nelle mani del governo. Nell'assetto attuale, solo i leader politici possono modificare i termini del contratto sociale cinese, che finora è stato sbilanciato eccessivamente in favore dell'accumulazione capitalistica.

Uno sviluppo più rispettoso dell'ambiente non è impossibile; aprirebbe anche immense opportunità d'investimento per le imprese occidentali nelle tecnologie verdi. Ma è tutto affidato alla speranza che la tecnocrazia comunista di Pechino sia decisa a voltare pagina, anche a costo di recidere dei legami incestuosi e redditizi con il capitalismo più predatore.

Pur avendo diversi vantaggi, anche la democrazia americana in questa sfida deve superare ostacoli formidabili. Il vincolo del consenso, le scadenze elettorali a ritmo frequente possono portare a rinviare le scelte necessarie. Finché gli americani pagheranno la benzina molto meno degli europei, la pressione per ridurre la cilindrata delle loro autovetture sarà insufficiente. La prevalenza del mercato, dell'appropriazione privata del profitto nel breve termine, ha plasmato in profondità il paesaggio stesso dell'America, quello geografico e perfino quello antropologico. L'urbanizzazione sparpagliata sul territorio, la scomparsa delle ferrovie e il decadimento dei trasporti pubblici urbani. L'obesità diffusa figlia di un modello di business agroindustriale e farmaceutico. Gli interessi capitalistici che si saldano con una *constituency* di massa legata a un modo di vita, a costumi patogeni codificati come altrettante libertà individuali.

Disfare e rimontare interi pezzi dell'*American way of life* è il compito che Barack Obama ha di fronte. Per uscire dalla crisi con una prospettiva di benessere nuovo, la mobilitazione di risorse economiche e umane non può che essere immensa. Per l'impegno di Obama a favore della ricerca nelle energie rinnovabili sono stati fatti paragoni con il Manhattan Project, l'impresa degli scienziati riuniti da Franklin Roosevelt per costruire la bomba atomica durante la Seconda guerra mondiale; e con il programma Apollo iniziato sotto il presidente John Kennedy per preparare la conquista della Luna.

Oggi la bomba atomica e la Luna sembrano traguardi quasi banali al confronto di quello che attende Obama. Un paragone più calzante è con l'intero sforzo della Seconda guerra mondiale: non fu solo umano e militare, economico e tecnologico, ma comportò profondi cambiamenti sociali, politici e psicologici, dall'inserimento massiccio delle donne nel mondo del lavoro alla riorganizzazione del ruolo statale nell'economia. È l'ingegneria sociale il campo su cui si giudicherà il bilancio storico di questa generazione di leader.

Modello Europa

Il museo più «verde» mai progettato al mondo è stato inaugurato in America da un architetto europeo, esattamente dieci giorni dopo il fallimento della banca d'affari Lehman Brothers, l'evento del 2008 che ha segnato la «virata» verso il panico per Wall Street e tutti i mercati finanziari globali. Tra i due fatti naturalmente non c'è un nesso evidente. Così come non c'è relazione con le elezioni presidenziali che di lì a poco dovevano decretare la fine dell'era Bush e quindi l'abbandono del negazionismo con cui la nazione più ricca aveva rifiutato di ammettere l'emergenza del cambiamento climatico.

Il 27 settembre 2008 Renzo Piano era a San Francisco per inaugurare la sua ultima creazione: la nuova sede della California Academy of Sciences. Le ricchezze naturali del pianeta vi sono condensate in un solo edificio, l'unico luogo al mondo che offre nello stesso spazio un acquario, un planetario, un museo di storia naturale, e infine lo spaesamento esotico del viaggio dentro una immensa «sfera» di autentica foresta tropicale. Il senso di leggerezza e trasparenza che pervade l'edificio è dato dalla sua fusione armoniosa con l'ambiente che lo circonda, il Golden Gate Park. Per questo il tetto è decisivo: è una continuazione del parco stesso, è un terreno ondulato su cui cresce una fitta vegetazione, presto un bosco. È questo manto verde dal profilo collinare una delle innovazioni grazie alle quali il museo si mimetizza e si lascia abbracciare dal bellissimo parco che lo circonda. In realtà il tetto restituisce al parco un'identità originaria, primitiva: perché ricostruisce la flora della California com'era oltre duecento anni fa, prima della conquista del West, prima che i parchi fossero invasi da piante d'importazione come le palme o gli eucalipti.

«Non ho inventato nulla di nuovo» dice Piano. «Quel tetto vivo, animato, che respira e dialoga con la natura circostante, l'ho ripreso da tradizioni antichissime delle nostre campagne, delle nostre montagne. La massa di terra e lo strato di vegetazione sopra i tetti di notte accumulano umidità, diventano un isolante termico quando arrivano il sole e il calore del giorno.»

Il luogo ha una potenza evocativa evidente. Il parco del Golden Gate ospitò la Summer of Love del 1967, la nascita del movimento hippy, nella stessa città protagonista delle battaglie studentesche contro la guerra del Vietnam (il Free Speech Movement di Berkeley). E quella terra è la culla dell'ambientalismo. In California lo scienziato-militante John Muir nell'Ottocento lanciò la campagna per la creazione e la protezione dei parchi naturali. Negli anni Sessanta vi nacquero le prime vere battaglie verdi, per limitare l'inquinamento delle automobili, che fecero scuola nel mondo intero.

Le origini dell'Accademia delle scienze nella Baia di San Francisco risalgono alla metà dell'Ottocento. Nacque prima sotto forma di un veliero: nella buona stagione navigava alle isole Galápagos per raccogliere specie rare, d'inverno attraccava nel porto di San Francisco e diventava un'esposizione galleggiante. Tuttora è un'istituzione dedicata anche alla ricerca, un polo scientifico di livello mondiale con centinaia di scienziati e ricercatori a tempo pieno. Ci sono 20 milioni di specie animali e vegetali nel museo (eppure sono appena il 5 per cento di quelle viventi), la natura è sovrana, protagonista assoluta di questa creazione, l'edificio la ospita e si lascia plasmare, la sua leggerezza lo rende etereo, quasi invisibile.

«L'architettura» dice ancora Piano «deve dare forma ai nostri desideri. È una disciplina concreta, pragmatica, ma se non sa interpretare i sogni dell'umanità, allora è destinata a fallire. Questo edificio nella sua esilità racconta il tema dominante del XXI secolo: la Terra è fragile, il mondo è in pericolo, l'architettura deve cimentarsi con questo problema, deve assumersi le proprie responsabilità.»

Le sfide tecniche sono state formidabili, per riuscire a costruire un complesso che si avvicina all'obiettivo ideale di «zero emissioni». «Ce l'abbiamo messa tutta, davvero, ogni particolare è frutto di sforzi immensi per risparmiare energia, rispettare l'ambiente, evitare ogni inquinamento. Questo non è un omaggio superficiale a un'ideologia, a una moda del momento.» Il tetto è coperto di 100.000 microcristalli sensori che captano l'energia solare, le cellule fotovoltaiche di nuova generazione. L'aria condizionata è stata abolita del tutto: si sfruttano i capricci del clima di San Francisco, dalle nebbie estive ai venti dell'oceano, per un condizionamento naturale che entra dalle finestre. Il tetto che sembra volare sul terreno è una membrana che respira. Ci hanno piantato un milione e mezzo di pianticelle, graminacee autoctone scelte perché non richiedono alcuna irrigazione. Le strutture in acciaio usano metallo riciclato al 95 per cento. L'isolamento termico è costruito coi cascami di lanugine che sono gli scarti dei blue jeans: un altro omaggio alla storia di San Francisco, dove nacque la Levi's.

Figlia del talento di Piano e della tenacia ambientalista di San Francisco, inaugurata nel vortice di una crisi finanziaria secolare, la California Academy of Sciences è anche un omaggio indiretto alla vecchia Europa da cui proviene l'architetto. Costretti ad abbandonare il modello Detroit e il modello Guangdong, il capitalismo più sprecone del pianeta e il suo fornitore alimentato a carbone, l'America e la Cina non possono prescindere dagli esempi di eccellenza europei. Il sorprendente primato mondiale della Germania per il numero di pannelli solari installati sul suo territorio. La leadership della Francia nel nucleare e nelle ferrovie ad alta velocità. Il record della Danimarca per la percentuale di energia generata dal vento. Nessuno di questi modelli è perfetto, nessuno ha una risposta definitiva: ma ciascuno rappresenta un pezzo di soluzione, una transizione più avanzata verso quello che stiamo cercando. Per quei rari dirigenti americani che hanno l'umiltà di mettere il naso fuori dal proprio Paese allo scopo di imparare qualcosa dagli altri, l'Europa è la prova che si può raggiungere un elevato livello di benessere materiale e di qualità della vita con consumi pro capite di energia e risorse naturali significativamente inferiori all'America. A Pechino, l'Unione europea offre diversi possibili modelli per la costruzione di uno Stato sociale e di un sistema di regole che ridurrebbero l'insicurezza dei cinesi.

La lezione del cashmere di Biella

L'industria del tessile-abbigliamento per molti italiani evoca una disfatta economica: l'avanzata implacabile del made in China, le delocalizzazioni, il declino di tante aziende storiche che fecero la moda italiana e oggi sono ridimensionate o scomparse, oppure sopravvivono come gusci vuoti dopo aver trasferito di fatto la produzione in Oriente. Ma c'è almeno un settore in cui nessun produttore cinese è riuscito a scalzare veramente il dominio italiano. Il cashmere di lusso continua a essere made in Italy. Anzi, made in Biella, perché i maggiori produttori si chiamano Lanificio Fratelli Cerruti, Loro Piana e Zegna, tutti nell'area del biellese. Gli scettici potrebbero pensare che si tratti di un'eccezione dai giorni contati. Tanti altri in passato si sono illusi di avere un monopolio imbattibile, ma alla fine hanno dovuto cedere le armi di fronte alla concorrenza asiatica. Tanti hanno creduto che «mai e poi mai» i cinesi ce l'avrebbero fatta a raggiungerli nella qualità, nell'affidabilità, nelle rifiniture: e quelli invece ci hanno regolarmente sorpreso, hanno smentito le previsioni, hanno bruciato le tappe. Vuoi perché bravi a copiare, vuoi perché hanno comprato i nostri stessi macchinari, talvolta hanno ingaggiato i nostri tecnici, i nostri esperti, i nostri disegnatori. Insomma, se la storia degli ultimi vent'anni ci insegna qualcosa, è che di fronte ai cinesi non bisogna mai dire mai: sono capaci di tutto, hanno recuperato ritardi che sembravano incolmabili, hanno fatto progressi che credevamo impossibili.

Il caso del cashmere, però, è diverso. I cinesi partono con un vantaggio notevole: hanno la materia prima a portata di mano, soprattutto in Mongolia. E da tempo i loro produttori più forti stanno cercando di accreditarsi nei segmenti di maggiore qualità e valore aggiunto. Grandi aziende di Pechino, Shanghai e Canton hanno comprato costosissimi macchinari italiani. Hanno mandato i loro manager a studiare in Italia. Hanno spedito tecnici e operai a formarsi nel nostro Paese. Anche qualche produttore biellese è stato tentato dalla delocalizzazione, ha provato a trapiantare esattamente gli stessi metodi di lavorazione in Cina, e ha dovuto rinunciare. Niente da fare. Il cashmere made in China resta di una qualità modestissima, francamente scadente, soggetto a un'usura troppo rapida. Quei cinesi che hanno il potere d'acquisto per permetterselo preferiscono spendere dieci volte tanto e comprare cashmere lavorato in Italia: per morbidezza e resistenza, non c'è gara. Perfino un consumatore inesperto se ne accorge. A occhi chiusi fategli sfiorare con le dita un maglione di cashmere italiano, e uno di quelli fatti in Mongolia che si vendono al Silk Market di Pechino: impossibile non sentire la differenza. Del resto gli stessi stilisti di lusso cinesi quando si tratta di cashmere comprano la materia prima in Italia. Com'è possibile che in questo caso la leggendaria capacità di apprendimento cinese sia fallita?

La risposta la conosce bene Ian Borra Cerruti. È un segreto semplice e bellissimo: si chiama acqua. «Per lavorare un metro di cashmere» dice Cerruti «ci vogliono tre litri d'acqua. La morbidezza, la lucidità del tessuto dipendono molto dalla qualità di quell'acqua. A Biella abbiamo un'acqua molto leggera, la stessa dell'acqua minerale Lauretana. I fiumi Cervo e Sesia sono rimasti molto puliti. A valle delle fabbriche si può ancora fare il bagno. I controlli sull'acqua che rimettiamo nel fiume sono severi. Se io compro la fibra in Mongolia e la lavoro a Biella, con l'acqua del mio fiume, anche se uso macchinari vecchi ha una morbidezza che nessuno è riuscito a riprodurre in altre zone del mondo.»

Tantomeno in Cina: chiunque abbia provato a migliorare la qualità del cashmere made in China, pur senza badare a spese per avere le tecnologie avanzate e i migliori esperti italiani, si è scontrato con un ostacolo insormontabile: il disastro ambientale dei fiumi cinesi. Inutile investire nei macchinari, nel design, nel brand e nel marketing. La qualità dell'acqua si è rivelata un handicap competitivo insormontabile. In nessuna zona della Repubblica popolare, neppure in quelle che in teoria dovrebbero ancora essere incontaminate, è stato possibile trovare fiumi abbastanza puliti.

È una storia che ci rincuora. Perché dimostra che nel nostro futuro la difesa dell'ambiente non andrà mai più scambiata per un costo, una tassa. Al contrario, diventerà un'arma vincente nella competizione.

III

Orizzonte perduto

Piccola storia di una grande fascinazione reciproca

Shangri-La

Mentre il pilota annuncia la discesa, dal finestrino dell'aereo si intravede lontano il maestoso picco innevato del Karakal, 6740 metri: la montagna incantata del romanzo che attira me e altri visitatori su queste cime tibetane della catena Meili. Oggi l'Airbus si abbassa delicatamente verso la vallata di Deqen e tocca la pista con sicurezza, nulla che ricordi il drammatico atterraggio di fortuna dei viaggiatori di *Orizzonte perduto*. BENVENUTI A SHANGRI-LA, annuncia un cartellone all'aeroporto, uno scalo piccolo ma nuovo fiammante. In quaranta minuti di taxi si arriva nella cittadina, preannunciata da un lungo paesaggio di crateri: voragini dove si accalcano scavatrici e betoniere, gru e miriadi di operai, i cantieri di grandi alberghi in costruzione che sporcano l'aria buona di montagna sollevando nubi di sabbia e cemento. È già inaugurato il nuovissimo Hotel Paradise, bunker di cemento armato, e al suo fianco svetta l'albergo Holy Palace (Palazzo sacro), grattacielo imponente pronto ad accogliere fiumane di torpedoni cinesi. Finalmente appare la città antica, o quello che vorrebbe assomigliarle. È un borgo grazioso con i vicoli lastricati di pietra, le case di legno dai tetti spioventi coperti di tegole di ardesia, sui muri c'è qualche affresco buddhista dove fanno capolino anche divinità induiste. Purtroppo quasi tutto è finto o ricostruito. Negozi di souvenir, ristoranti per turisti, locande che si chiamano Himalayan Garden Inn, Himalayan Café e anche Google Café e Balcony Laptop: per viaggiatori ansiosi di restare in contatto via Internet col resto del mondo. Un'accozzaglia di stili incolla fianco a fianco le case rifatte in foggia tibetana e le pagode cinesi. Una folla di turismo che si crede alternativo – insieme agli occidentali spunta anche qualche «saccopelista» cinese con buffi capelli acconciati in trecce rasta – si mescola alle donne dal costume tradizionale. Loro hanno il turbante rosa, i pantaloni neri ricoperti di gonne-grembiuli di lana a strisce parallele di tutti i colori dell'arcobaleno. Sulle spalle hanno il grosso canestro per portare il bambino, o la frutta, o i tessuti da vendere al mercato. Sovrasta la cittadina il monastero Senze Ling detto «il piccolo Potala» perché imita la celebre dimora millenaria dei Lama a Lhasa, la capitale del Tibet. Ha la stessa posizione coricata su un fianco di montagna, i bei cubi regolari delle celle monacali, le fondamenta di pietra bianca e i piani alti di terra rossa. Ma l'originale del XVII secolo fu completamente distrutto durante la Rivoluzione culturale maoista, come il lago di fronte (oggi inaridito) dove le Guardie rosse affogavano i monaci fedeli al Dalai Lama nel 1966. Il piccolo Potala di Shangri-La è una cineseria ricostruita nel 1982 con l'aggiunta volgare di un luccicante tetto dorato a forma di pagoda. È una delle ultime beffe che Pechino ha inflitto ai tibetani di questa zona, già «amputati» dal perimetro ufficiale del Tibet amministrativo dopo l'invasione dell'esercito cinese nel 1950: oggi questa terra appartiene alla provincia dello Yunnan. La gente di qui continua a subire umiliazioni, come l'invasione di un turismo cinese chiassoso e cafone. Le comitive sguaiate che affluiscono nel piccolo Potala strepitano nella lamasseria e girano le ruote sacre della vita al contrario (in senso antiorario), offendendo la sensibilità dei fedeli. Loro si vendicano con silenziosi gesti di sfida come la foto proibita del Dalai Lama che si scopre in un'ala buia del monastero, mimetizzata in mezzo a una folla di immagini di Buddha e divinità di origine sciamanica o induista. La sola presenza di quella foto è un reato grave per la legge cinese, chi l'ha messa e chi la venera compie un atto di coraggio che può costare caro.

È un triste destino questo di Deqen, propaggine sacrificata del grande Tibet di una volta, tranquillo villaggio di pastori strappato suo malgrado alla solitudine delle montagne, trasformato in una Disneyland pseudospiritualista da vendere ai turisti in cerca di spaesamento esoterico. Tutto per colpa di un'antica leggenda che si perde nella notte dei tempi, poi di un romanzo di successo degli anni Trenta, e infine di Hollywood.

Non credete ai dépliant dell'ente turistico. Shangri-La non esiste. Non è mai esistita. Con questo nome un inglese di nome James Hilton storpiò il termine sanscrito di Shambhala, che nei sacri testi tibetani del *Kalachakra Tantra* designa una favolosa regione situata a nord della catena himalayana. Secondo la leggenda in quel regno a forma di fiore di loto s'instaura il paradiso in terra grazie a una dinastia di sovrani illuminati che custodiscono l'autentica saggezza buddhista. Protetto da barriere di montagne invalicabili, Shambhala consente ai suoi abitanti di seguire il proprio dharma, le regole di vita scritte nel destino. Lì ogni bisogno umano è soddisfatto; nessuno si ammala né invecchia. È il luogo dove gli uomini di buona volontà possono trovare rifugio dalle sofferenze, nell'attesa che il resto del mondo guarisca dalla violenza e si converta all'amore.

L'Occidente s'invaghisce della leggenda di Shambhala verso la fine dell'Ottocento. All'apice degli imperialismi britannico, francese e russo, il Tibet – grazie al suo isolamento geografico, al clima rigido, alla natura aspra e ostile – è uno dei pochissimi territori asiatici che si sottraggono alla colonizzazione. Per gli europei dell'epoca, imbevuti di positivismo e fiducia nel progresso, la descrizione fatta dai rari esploratori è uno shock: sulle montagne più alte del pianeta esiste una civiltà rimasta indifferente all'invenzione della ruota... la usa solo come strumento di preghiera. Nell'era in cui Cina, India e Indocina vengono concupite dagli appetiti commerciali dell'uomo bianco, il Tibet diventa l'ultima landa arcana e inaccessibile, intorno alla quale tutte le fantasie possono scatenarsi.

Dal 1870 al 1876 un esploratore dello zar, il romantico colonnello Nikolaj Michajlovič Prževalskij, detto «il Lord Byron russo», promuove diverse spedizioni nella speranza di scoprire la mitica Shambhala, che ha sentito descrivere da un lama come «un'isola dorata in mezzo a un mare a elevatissima altitudine». Per una singolare coincidenza nel 1875 la misteriosa Madame Helena Petrovna Blavatsky, anche lei di origine russa, dà vita alla teosofia. Quel movimento, che seduce una élite intellettuale a New York e a Londra, vede nel buddhismo tibetano il nucleo originario di tutte le religioni umane, indica nelle montagne dell'Himalaya i luoghi dove lo spirito umano può raggiungere la più pura introspezione, la sede dei mahatma (le «grandi anime»). Per alcuni teosofi il Tibet è addirittura la regione dove si rifugiarono i sopravvissuti della mitica Atlantide per salvarsi dalla rovina della civiltà. L'esploratrice francese Alexandra David-Néel, che nel 1912 incontra il tredicesimo Dalai Lama, contribuisce a diffondere in Europa il fascino del Tibet come depositario della spiritualità autentica, una scuola di ascetismo dove lo stesso cristianesimo deve imparare a rigenerarsi.

In questo contesto già sovraccarico di immaginazione, nel 1933 esce in Inghilterra *Orizzonte perduto* di James Hilton (edito in Italia da Sellerio), il primo libro della storia a essere pubblicato in edizione tascabile, quasi subito un best seller mondiale: l'origine del mito di Shangri-La. All'inizio del romanzo un gruppo di occidentali si trova casualmente riunito in un volo che viene dirottato per ragioni in apparenza misteriose. L'atterraggio forzato vicino al monte Karakal li porta a contatto con Shangri-La, altissima e sperduta, dove una comunità di saggi vive felicemente lontano dalla civiltà moderna, pur conoscendo nei dettagli tutto ciò che vi avviene. A Shangri-La i lama che praticano lo yoga e la meditazione trascendentale restano giovani per centinaia d'anni, la morte li colpisce raramente e quando arriva li trova preparati, sereni. Ma il segreto dell'eterna giovinezza non è l'aspetto che più colpisce i lettori negli anni Trenta. Quando esce il romanzo di Hilton, e poi ne viene tratto l'omonimo film diretto da Frank Capra nel 1937, l'Occidente è ancora traumatizzato dalla Grande Depressione iniziata nel 1929. A stento ha superato le ferite della Prima guerra mondiale e già l'avvento dei totalitarismi (Mussolini, Hitler, Stalin) preannuncia nuovi conflitti, altri orrori e violenze di massa. Il personaggio principale di *Orizzonte perduto*, Robert Conway – un diplomatico inglese angosciato dal ricordo della Prima guerra mondiale – riassume così il clima del suo tempo: «Il mondo intero attorno a me sembra essere diventato completamente pazzo». Un altro passaggio suona profetico, anni prima dell'Olocausto e della bomba atomica di Hiroshima: «Il Medioevo che sta per iniziare coprirà il mondo intero col suo manto funebre». Ai funesti presagi di Conway risponde il gran lama di Shangri-La: «Staremo qui con i nostri libri, con la nostra musica, con le nostre meditazioni, a custodire le fragili eleganze di un'età moribonda, cercando quella saggezza di cui gli uomini avranno tanto bisogno quando le loro passioni si saranno consumate». L'iniziazione che ha luogo a Shangri-La non è fanatica né settaria, si adatta alle menti più razionali dell'Occidente. Il gran lama è ben diverso dai visionari feroci che vogliono costruire l'Uomo Nuovo. «In breve potrei definire la nostra principale credenza così: moderazione. Inculchiamo la virtù di evitare eccessi di qualunque specie; persino, perdonatemi il paradosso, eccessi di virtù. Questo principio è la fonte di uno speciale grado di felicità. La nostra gente è moderatamente sobria, moderatamente casta e moderatamente onesta.» Il successo di *Orizzon-*

te perduto diffonde il sogno di Shangri-La come una terra fuori dal tempo, lontana dal dolore e dal male, immunizzata dalla ferocia dell'uomo. È stato definito il più perfetto romanzo di evasione, in senso letterale, perché è centrato sul tema della fuga. L'evasione dalla realtà fu portata agli estremi da Frank Capra che realizzò il film nel canyon californiano della Ojai Valley, vicino a Los Angeles, usando indiani d'America come comparse al posto dei tibetani. Nel romanzo come nella sua versione hollywoodiana è rigorosamente assente il volto duro e retrogrado del Tibet: la miseria, la sporcizia e le malattie, gli aspetti superstiziosi e degradanti della tradizione, lo sfruttamento del popolo da parte della teocrazia parassitaria dei monaci. Via via che nuove generazioni occidentali si avvicinavano alle religioni orientali – i poeti Beat negli anni Cinquanta a San Francisco, il movimento hippy, la New Age, oggi attori di Hollywood come Richard Gere e Steven Seagal – l'intera tradizione buddhista tibetana veniva trasfigurata come una grande Shangri-La, una saggezza eterna fiorita sulle montagne, da proteggere contro gli assalti della modernità. Simbolo di rifugio, oasi di tranquillità, il nome di Shangri-La è perfino adottato da una celebre catena di alberghi di lusso.

La ghiotta opportunità non poteva sfuggire ai cinesi. Dopo l'occupazione militare del Tibet lanciata da Mao Zedong nel 1950, dopo le persecuzioni religiose della Rivoluzione culturale, la nuova Cina capitalista ha fiutato il business. Per decreto governativo Pechino ha stabilito che Shangri-La esiste davvero. Ha ribattezzato con quel nome un paesello vicino a Deqen, ha costruito l'aeroporto, ha dato via libera ai miliardari della speculazione edile perché si approprino del sogno e lo trasformino in attrazione per il turismo di massa. All'aeroporto un opuscolo in carta patinata ricco di fotografie a colori accoglie i visitatori con le parole del giornalista di regime Xie Jie: «Chiunque sia stato a Deqen è d'accordo che questo luogo sperduto è come il regno delle fate, è proprio la Shangri-La che abbiamo nel cuore».

Gli unici che restano freddi di fronte allo sfruttamento industriale del mito sono i tibetani, quelli veri. Come la mia guida Tenzin, ventiseienne, cresciuto in India dove i genitori fuggirono dalle violenze maoiste. Tenzin è stato tre volte a Dharmasala, la città indiana dove vive il governo tibetano in esilio, per vedere il Dalai Lama. «Mi ero preparato tante cose da dirgli, da chiedergli, ma una volta davanti a lui mi sono sentito svuotato, sono rimasto muto.» Tenzin non ha dubbi che il leader spirituale dei buddhisti tibetani tornerà nella sua terra, sfidando il veto di Pechino. «Il Dalai Lama vivrà centocinquant'anni, noi lo sappiamo con certezza, è scritto nel cielo. Prima che muoia lo rivedremo a Lhasa e in tutto il Tibet.» La Repubblica popolare anche dopo aver riaperto i monasteri continua a trattare il Dalai Lama come un nemico, il regime non ammette un'autorità spirituale indipendente. Nonostante sia messo al bando, la sua popolarità qui resta immensa. Tenzin ricorda un episodio esemplare: «Due anni fa il Dalai Lama lanciò la campagna per proteggere l'antilope tibetana dall'estinzione. In modo clandestino diffuse al suo popolo la preghiera di non vestirsi più con le pelli degli animali selvatici. All'unisono in tutto il Tibet si accesero dei falò. Sui roghi la gente bruciava le pelli proibite. A Lhasa qualche turista vestita di pelliccia è stata aggredita per la strada, a pugnalate». Ma come il guru spirituale di *Orizzonte perduto*, il vero Dalai Lama persegue la moderazione. «Il Tibet potrebbe esplodere in qualsiasi momento contro i cinesi» dice Tenzin «se non fosse il Dalai Lama a vietarci la violenza.» Nell'attesa del grande ritorno, Tenzin per sopravvivere è costretto a guidare i turisti tra spettacoli folcloristici e boutique di paccottiglia in questa caricatura di Shangri-La, recitando una parte scritta per lui da un romanziere inglese settant'anni fa. «I cinesi sono abili» dice «ma in testa hanno una cosa sola, il denaro. Questa Shangri-La la stanno rifacendo tutta, e poi fra tre anni ricominceranno daccapo. A me sembrano pazzi.» Pare quasi di udire l'eco delle parole di un certo Robert Conway, sperduto e felice lassù sul Karakal, dove i ghiacciai eterni, i burroni e le bufere di vento tengono alla larga la curiosità malsana e distruttiva dei contemporanei.

Le carte proibite della Cina antica

Nel 1584 il gesuita-scienziato Matteo Ricci, che già da due anni viveva in Cina, realizzò un planisfero disegnato secondo la tradizione cartografica europea: con il nostro continente al centro e il Celeste Impero relegato sul bordo orientale della mappa. L'opera fu accolta dal gelo. Già per i cinesi era un trauma dover accettare il ridimensionamento del loro impero, in un mondo improvvisamente affollato da altre terre vaste e lontane. Vedersi per di più confinati alla periferia era una mancanza di rispetto, una raffigurazione offensiva. Ricci capì di aver commesso un errore. Duttilità culturale e tatto diplomatico non gli mancavano. Nei sedici anni successivi si ingegnò a ridisegnare un planisfero, altrettanto accurato, ma basato su una prospettiva completamente diversa: con il Celeste Impero collocato sul meridiano centrale, l'Europa schiacciata sulla sinistra e l'America a destra. Intitolato *Carta geografica completa dei monti e dei mari*, il mappamondo del 1600 ebbe un successo straordinario, venne replicato in numerose edizioni, e fu adottato da potenti notabili locali come il governatore di Guizhou, il letterato Guo Qingluo.

Sono passati più di quattrocento anni ma i cinesi del XXI secolo non sono meno suscettibili, anzi. Se n'è accorto il sinologo Riccardo Scartezzini, che dirige il Centro studi Martino Martini di Trento. Lo studioso italiano ha portato in Cina una pregevole esposizione di carte antiche, intitolata «Visioni del Celeste Impero». È riuscito a farle esporre, prima a Pechino e in seguito a Hangzhou, offrendo al pubblico cinese un'opportunità straordinaria: riscoprire l'immagine della Cina nella cartografia occidentale, un'immagine che dal Seicento in poi contribuì anche alla conoscenza che i cinesi hanno del proprio Paese. Ma la mostra ha rischiato di non aprirsi mai. I fulmini della censura di Stato stavano per abbattersi sui pregevoli documenti storici. La ragione? In quelle magnifiche carte antiche c'è la prova inconfutabile che il Tibet e altre regioni della Repubblica popolare come il Xinjiang islamico furono a lungo indipendenti. «Nel clima teso dopo la rivolta del Tibet e le contestazioni alla fiaccola olimpica» racconta Scartezzini «abbiamo avuto la richiesta di non esporre alcune tavole.» Anche se vecchie di secoli, gli hanno spiegato i suoi interlocutori locali, quelle rappresentazioni potevano «dare luogo a malintesi». Potevano cioè rivelare all'ignaro visitatore di Pechino e Hangzhou la mistificazione della storia ufficiale: nei manuali contemporanei infatti l'appartenenza del Tibet alla Cina viene fatta risalire molto più indietro, nientemeno che a Gengis Khan (XIII secolo). Per salvare l'esposizione Scartezzini ha dovuto far ricorso alla stessa flessibilità di Matteo Ricci. Alcune carte «oscene» sono state rimosse. L'incidente politico è stato scongiurato. I curatori locali della mostra sono stati messi al riparo dalle sanzioni del regime.

Scartezzini ha avuto ragione a piegarsi. È importante che i cinesi possano vedere questa esposizione, sia pure senza le mappe tabù. Anche dopo questo sacrificio di alcuni pezzi, «Visioni del Celeste Impero» rimane una mostra di eccezionale valore. Per l'affascinante bellezza delle carte antiche e per la storia che c'è dietro. È il ricordo di un'epoca felice – e troppo breve – in cui il confronto tra «noi» e «loro» avvenne in un clima di straordinaria apertura e tolleranza: una parentesi di contaminazione reciproca, quando l'Europa si liberò dai suoi pregiudizi e la Cina dal suo orgoglioso senso di superiorità. Questi reperti rivelano l'eccezionale ruolo che svolsero i gesuiti – prima di essere a loro volta censurati dalla Chiesa romana – come mediatori culturali fra l'Occidente e la Terra di Mezzo. Furono quei missionari a farci conoscere per la prima volta una Cina reale, depurata dalle leggende dell'antichità greco-romana o dai racconti un po' troppo favolosi di Marco Polo. E furono sempre loro, i gesuiti, a far conoscere ai cinesi una rappresentazione oggettiva del resto del mondo. La loro maestria consistette nel fondere le metodologie scientifiche più avanzate dell'Europa e l'immenso bagaglio di conoscenze che la Cina aveva sviluppato per conto suo. Massimo Quaini, geografo italiano dell'Università di Genova, nell'introduzione al catalogo della mostra ricorda quale fu il vantaggio competitivo dei gesuiti, basato sulla loro capacità di dialogo con la cultura confuciana che aveva spalancato loro le porte del Celeste Impero. «I gesuiti» scrive Quaini «poterono beneficiare di circostanze eccezionali e del favore dell'imperatore Kangxi, che aprì ai missionari gli archivi di tutte le province e fece collaborare localmente i mandarini e i letterati.» I religiosi applicarono da un capo all'altro dell'impero le tecniche di triangolazione e di calcolo delle longitudini per mezzo dell'osservazione dei satelliti di Giove, messe a punto dall'Osservatorio astronomico di Parigi e dallo scienziato italiano Gian Domenico Cassini. Il loro lavoro gli valse l'ammirazione di un filosofo non particolarmente tenero verso la Chiesa: Voltaire. Alla voce «Geografia» del suo *Dizionario filosofico*, Voltaire scrisse: «La Cina è il solo paese dell'Asia di cui si abbia una misura geografica, perché l'imperatore Kangxi impiegò i gesuiti astronomi per costruire delle carte esatte; ed è ciò che i gesuiti hanno saputo fare di meglio. Se si fossero limitati a misurare la terra, non sarebbero stati proscritti sulla terra». (L'avventura in Estremo Oriente dei gesuiti si concluse con una cocente sconfitta quando il Vaticano condannò la loro tolleranza per i «riti cinesi», una liturgia troppo liberamente adattata ai costumi del luogo.)

Quelle carte ebbero un ruolo cruciale in Europa. Divennero strumenti di lavoro indispensabili per le grandi spedizioni marittime del Settecento. Aiutarono i mercanti inglesi, olandesi e francesi a orientarsi nelle terre che offrivano nuove opportunità di arricchimento. Contribuirono al dilagare di una vera e propria «sinomania», di cui sono rimaste tracce ben visibili nel gusto rococò per le cineserie. A partire dall'Illuminismo si diffuse nei nostri Paesi la convinzione che la Cina fosse una civiltà di grande valore. Voltaire la considerava superiore nell'arte del buongoverno, visto che il Celeste Impero aveva creato la prima burocrazia statale selezionata con esami di Stato, secondo criteri meritocratici.

I capolavori della cartografia non nascono per caso, sono il frutto del metodo che contraddistingue i gesuiti dell'epoca. Consapevoli di avere a che fare con una società molto avanzata, e piuttosto refrattaria al proselitismo religioso, i missionari puntano a conquistarsi il rispetto dell'élite intellettuale che governa l'impero offrendo il meglio della cultura scientifica occidentale. Al tempo stesso fanno tesoro del patrimonio di conoscenze cinesi. Verso la cartografia infatti i Figli del Cielo hanno un grande rispetto. La considerano uno strumento essenziale per una buona amministrazione pubblica. Lo attesta il Documento sui Riti della dinastia Zhou: «I Direttori delle Regioni sono incaricati delle carte dell'impero, sulla cui base sovrintendono alle terre dei diversi distretti. Il Geografo Reale ha la responsabilità delle carte dei circuiti provinciali. Quando l'imperatore compie un giro d'ispezione, il Geografo cavalca accanto al veicolo imperiale per fornire spiegazioni sulle caratteristiche del Paese e sui suoi prodotti».

Il pioniere Matteo Ricci è il primo scienziato europeo a realizzare un planisfero del mondo con spiegazioni e didascalie in lingua cinese, una svolta storica che rappresenta un ponte fra le culture d'Occidente e d'Oriente. Dopo Ricci l'autore più importante per la nuova visione geo-cartografica del Celeste Impero è Martino Martini, gesuita di Trento che sbarca nella provincia dello Zhejiang nel 1643, in un'epoca di conflitto tra le dinastie Ming e Qing. Nel 1655 fa pubblicare ad Amsterdam il *Novus Atlas Sinensis*: 170 pagine di testo, 17 tavole, con le coordinate di 2100 località cinesi. È un passo avanti formidabile nella conoscenza della Terra di Mezzo. È Martini che corregge per la prima volta gli errori dei cartografi europei i quali collocavano la Grande Muraglia e Pechino a 50° di latitudine nord, anziché a 39° 59'. Il *Novus Atlas Sinensis* calcola le distanze tra le città cinesi con una precisione stupefacente, in larga parte confermata dalle mappe di oggi. L'opera di Martini confluisce poi nell'*Atlas Maior*, la più grande impresa editoriale del Seicento (dodici volumi, tremila pagine di testo e seicento tavole), strumento indispensabile per generazioni di mercanti e viaggiatori in Estremo Oriente. È uno shock per la coscienza europea: fa piazza pulita di tante leggende e mitologie che avevano condizionato l'approccio alla Cina. Martini conclude il suo lavoro monumentale solo dopo aver perlustrato personalmente diverse regioni del Celeste Impero. Ma ha l'umiltà necessaria per riconoscere i suoi debiti verso le fonti locali: «Né alcuno deve pensare che queste cose siano state partorite dal mio cervello o addirittura inventate; infatti io dichiaro sinceramente e con germanica onestà che ho attinto tutte queste notizie dai libri di Geografia e dalle Mappe Cinesi, per ciascuna Provincia dai Cinesi stessi decorati, composti e stampati, che ho ancora con me, e che sono pronto a esibire davanti a chiunque sia interessato a queste cose». La modestia – e la prudenza diplomatica – gli consiglia di sorvolare sul fatto che la sua opera ha rivoluzionato la visione della realtà degli stessi cinesi. Tradizionalmente essi avevano raffigurato un mondo piatto sovrastato da un universo ricurvo. La superiorità della Terra di Mezzo (la loro) derivava proprio dal fatto che essa era fisicamente la più vicina alla convessità del cielo, posizione ideale per ricevere tutte le influenze benefiche, mentre i barbari delle periferie non avevano questo privilegio. L'epoca felice in cui i Figli del Cielo erano interessati al dialogo con i gesuiti è l'ultimo periodo di feconda apertura della Cina verso il mondo esterno. Poi verrà una lenta decadenza, alimentata da un senso di autosufficienza e di presuntuoso disinteresse verso i progressi dell'Occidente.

Le stupende carte antiche delle «Visioni del Celeste Impero» – nella versione integrale e non censurata – contraddicono la propaganda del regime comunista. A dispetto della versione ufficiale, i confini odierni della Repubblica popolare sono il frutto di conquiste territoriali imperialiste. Contrariamente a quel che dicono i dirigenti attuali di Pechino, anche la Cina ha avuto un espansionismo aggressivo e una politica di annessione di altre nazioni. Il perimetro attuale dei suoi confini è il risultato di guerre coloniali non diverse da quelle di cui si macchiò l'Occidente. La Repubblica popolare racchiude dentro le sue frontiere l'ultimo impero multietnico dell'era contemporanea. Nella *China illustrata* di Athanasius Kircher del 1667 (ispirata ai lavori di Martini) è ben visibile un Tibet Regnum separato e indipendente. Nell'*Atlas Nouveau* di Guillaume Delisle pubblicato nel 1730 l'estensione del Tibet è ancora più vasta, ancorché lo si chiami Tartarie Indépendante. Nel 1735 le ricerche dei gesuiti vengono incluse e aggiornate in un'altra opera grandiosa, la *Description géographique, historique, chronologique, politique et physique de l'empire de la Chine et de la Tartarie chinoise* di Jean-Baptiste Du Halde. Un'opera così voluminosa e costosa che in Europa a quei tempi ne vengono prodotte numerose edizioni pirata. Viene citata nella *Encyclopédie* dell'Illuminismo. Servirà a guidare le missioni diplomatiche inglesi in Cina dell'ammiraglio Anson e dell'ambasciatore Macartney. Du Halde parla esplicitamente del Regno del Tibet come di un'entità ben distinta. In questo e in molti altri atlanti fino ai primi del Novecento appaiono come Stati indipendenti anche la Mongolia interna e il Turkestan orientale oggi ribattezzato Xinjiang: tutti ormai ridotti al rango di provincie della Repubblica popolare. I cui manuali di storia sono stati opportunamente riscritti per dimostrare la continuità, da tempi immemorabili, della Cina nelle sue dimensioni «allargate». Quelle che furono autentiche civiltà, con storie e culture ben distinte, oggi devono accontentarsi dello statuto di minoranze etniche. A loro Pechino offre spazi vigilati di folclore locale come fossero concessioni magnanime. La verità è nascosta nelle carte maledette che i cinesi non possono vedere.

L'ultimo eunuco imperiale

«Nacqui nella contea di Jinghai vicino a Tianjin. Era l'undicesimo mese del ventottesimo anno di regno dell'imperatore Guangxu. Fui castrato all'età di otto anni. Arrivai a Pechino quindicenne sognando ricchezza e onori.» Così comincia l'autobiografia di Sun Yaoting, l'ultimo eunuco alla corte imperiale del Figlio del Cielo, un eccezionale documento sulla Cina del XX secolo. Testimone e vittima di una storia tragica e tumultuosa, Sun Yaoting servì a corte nella Città Proibita sotto Pu Yi, l'ultimo imperatore immortalato dal film di Bertolucci. Lo seguì in Manciuria sotto l'occupazione giapponese. Fu coinvolto nella rivoluzione maoista. «Come ultimo eunuco della storia ho vissuto oltre novant'anni. Ogni sorta di emozioni si accavalla nella mia mente quando rivolgo lo sguardo al passato.» Negli anni Novanta Sun Yaoting cominciò a confidarsi con il giovane storico cinese Jia Yinghua, perché i suoi ricordi non andassero perduti. Nel dicembre 1996 moriva all'età di 94 anni. Solo nel 2009 esce la raccolta di quelle confessioni, *The Last Eunuch of China*.

«Quando muoio voglio rinascere cane o gatto.» L'amarezza del vecchio Sun Yaoting, e tanti segreti crudeli, proiettano un'ombra sulla storia del Novecento vista attraverso i suoi occhi. Comincia dalla miseria spaventosa delle campagne cinesi all'inizio del secolo, dove la castrazione dei figli maschi è per molti l'unica speranza di una vita migliore: il sogno di servire alla corte imperiale, la fuga dalla fame. È con le sue mani e un rasoio che il padre di Sun procede all'operazione, sul lettino della loro casupola dai muri di fango. Il peperoncino rosso come unico anestetico, un pezzo di carta imbevuto d'olio come benda, una penna d'oca infilata nell'uretra per impedire che si otturi durante la cicatrizzazione della ferita. Il bambino resta privo di sensi per tre giorni, immobilizzato a letto dai dolori per due mesi. Quando si alza Sun Yaoting subisce la prima di una lunga serie di beffe del destino: è il 1911, la rivoluzione repubblicana rovescia la dinastia Qing, al potere dal Seicento. La notizia getta nella disperazione il padre di Sun, la mutilazione del bambino sembra inutile. In realtà la corte di Pu Yi prosegue la sua vita, un rito sempre più artefatto e surreale, recitando una sceneggiatura scritta da altri. Nella Cina decadente e caotica i poteri in lotta per la supremazia hanno interesse a manipolare l'imperatore fantoccio. E con lui sopravvive l'entourage, eunuchi compresi.

Confucio faceva risalire a tremila anni fa la presenza di uomini castrati al servizio degli imperatori. Ma l'uso si diffonde soprattutto con la dinastia Ming, dalla fine del Cinquecento, via via che l'imperatore si ritira dalla vita pubblica, diventa sempre più distante dai suoi sudditi, disdegna l'amministrazione quotidiana. Gli eunuchi vengono reclutati in massa per costruire una barriera umana tra il Figlio del Cielo e il mondo reale. Nella cultura cinese la castrazione rende gli eunuchi delle non persone, teoricamente sprovviste di un vero io, soggetti ideali per proteggere la privacy del sovrano. Oltre che fisiologicamente incapaci di insidiare le concubine: al calar del sole ogni altro maschio, compresi i figli dell'imperatore, deve abbandonare la corte. La seclusione del sovrano, spiega il sinologo Jonathan Spence, «trasforma gli eunuchi in intermediari indispensabili, il canale di comunicazione fra la ristretta cerchia imperiale e l'amministrazione pubblica». I più abili fra i castrati lucrano ogni sorta di vantaggi da questo ruolo. «Potenti funzionari pubblici per conquistare l'attenzione dell'imperatore devono convincere un eunuco influente a trasmettere i propri messaggi. La corruzione regna.» I più astuti non si accontentano del denaro, diventano eminenze grigie del potere, a capo di clan e cordate, sofisticati maestri negli intrighi di corte. Fra loro emergono anche grandi talenti, geni ambiziosi e disinteressati. Scienziati, uomini di Stato, condottieri. Come Cai Lun, l'inventore della carta per la stampa nel 105 d.C. O l'ammiraglio Zheng He, protagonista delle spedizioni intercontinentali nel primo Quattrocento. Quando Sun Yaoting viene assunto a corte, le glorie del Celeste Impero sono ormai un pallido ricordo, la Cina è in declino, umiliata dalle potenze coloniali. Ma a corte i castrati conservano un ruolo essenziale. Sotto l'imperatrice reggente Cixi l'eunuco capo Li Lianyang è un Mazarino al centro di trame e congiure, oltre che il capo di una pletora di suoi simili suddivisi in quarantotto livelli gerarchici.

La biografia di Sun entra nei dettagli più intimi, descrive la sessualità degli eunuchi che per secoli ha eccitato la fantasia dei cinesi. La letteratura erotica ha descritto infiniti modi in cui le concubine riuscivano a tradire l'imperatore dopo essersi conquistate la complicità dei castrati, e talvolta cercando proprio da loro piaceri non convenzionali. «Nella tarda dinastia Qing» ricorda Sun «gli eunuchi intrecciavano relazioni amorose con le donne del palazzo, serve e cortigiane. Un eunuco di successo poteva sposarsi e mantenere più mogli. La castrazione non ha mai spento i nostri desideri sessuali. Alcuni eunuchi ricchi e potenti furono mariti orribilmente sadici. Ricordo giovani mogli denudate, bruciate con sigarette accese, frustate, torturate nelle loro parti intime. A Pechino un proverbio diceva: sposa un eunuco se vorrai soffrire le più atroci pene del mondo.» Gli eunuchi non si discostavano dalla depravazione dilagante nelle ultime generazioni dei sovrani Qing. Da ragazzo lo stesso Sun è testimone ravvicinato del malsano rapporto tra l'ultimo imperatore Pu Yi e la consorte Wan Rong: lei oppiomane e incinta dei suoi amanti; lui sempre a caccia di giovani eunuchi. Sun segue i sovrani nell'esilio dorato in Manciuria, sotto il controllo dell'invasore giapponese. Ma l'eunuco ha più fiuto politico dei suoi padroni. Nella guerra civile rende i suoi servizi all'armata maoista. È a Pechino nel 1949 quando viene proclamata la Repubblica popolare. Si ritira in un monastero taoista ma dona il suo patrimonio al partito comunista. Lancia perfino la proposta di mettere tutti i templi sotto il controllo dello Stato, attirandosi l'etichetta di vile opportunista dagli altri religiosi. La sua abilità non lo salva durante la Rivoluzione culturale, quando i rari eunuchi sopravvissuti vengono additati come dei mostri disgustosi, ignobili ricordi del passato imperiale. Molti si suicidano annegandosi nei fossati attorno alla Città Proibita e nel lago del Palazzo d'Inverno. Sun viene processato in pubblico, deportato e costretto ai lavori forzati: deve coltivare la terra, un cartello con la scritta TRADITORE appeso al collo. L'offesa più terribile in quel periodo gli viene però inflitta dai suoi parenti. Timorosi di rappresaglie, gettano via il tesoro più prezioso di Sun Yao: l'urna dove sono custoditi i suoi genitali. «Due volte sole l'ho visto piangere mentre raccoglievo le sue confessioni» racconta Jia, «quando ha ricordato la castrazione, e poi la perdita del suo tesoro: perché in base alle loro credenze solo una sepoltura insieme a quegli organi può far rinascere l'eunuco come un uomo vero.» La modesta tomba di Sun oggi è quasi invisibile, in un boschetto sperduto alla periferia occidentale di Pechino. «Il governo» osserva lo storico Cui Weixing «non ama pubblicizzare queste vicende. Forse perché la storia degli eunuchi fa parte di una lunga tradizione cinese, in cui la gente del popolo ha dovuto sopportare ogni sorta di sofferenze per servire i capricci di un'autorità centrale onnipotente, fino ai nostri giorni.»

L'ultimo assalto alla Grande Muraglia

Il giovane contadino Fan Qi Liang venne deportato 2200 anni fa, fu uno dei primi nell'esercito di schiavi impiegati per edificare la Grande Muraglia. Dopo anni di assenza, sua moglie Meng Jiang Nu andò a cercarlo e le dissero che era morto, sepolto dentro le mura stesse che stava costruendo. Lei pianse finché il torrente delle sue lacrime aprì una breccia nella fortificazione, e il suo sangue si unì a quello del marito. L'antica favola di Fan e Meng che si racconta ai bambini ha almeno un nocciolo di verità: quando i cinesi iniziarono a costruire la Grande Muraglia arrampicandosi sulle vette delle montagne, la materia prima era preziosa. Mattoni e pietre servivano solo per innalzare le pareti esterne. Lo spazio interno ai muri veniva riempito con materiali meno nobili, terriccio, rifiuti, forse anche cadaveri. Da lì nacque il mito terribile che si tramanda in Cina: per costruire nei secoli la lunghissima cinta difensiva morirono in così tanti che vi sono più cinesi sepolti dentro le mura di quelli vivi oggi. La Grande Muraglia ha il potere di generare leggende improbabili quanto tenaci. Nel 1938 Richard Halliburton nel suo *Secondo Libro delle Meraviglie* s'inventò che la gigantesca barriera è l'unica costruzione umana visibile dalla Luna. L'affermazione sembrava così verosimile che nessuno la mise in dubbio, finì sui manuali scolastici inglesi dell'epoca. Molte guide turistiche continuano a ripeterla. La forza di autosuggestione è tale che un astronauta americano, Jake Garn, sostenne di averla riconosciuta a occhio nudo mentre era in missione sullo Space Shuttle Discovery nel 1985 (i suoi colleghi in seguito lo hanno smentito, compresi due astronauti cinesi; in realtà la Grande Muraglia è visibile solo da un'orbita fra i 160 e i 320 chilometri dalla Terra, ma a quella distanza lo sono anche altre grosse costruzioni). Sogni e fantasie sono le prove di un fascino intramontabile. Dopotutto la Grande Muraglia detiene un record sicuro e probabilmente eterno: è la più vasta opera mai realizzata dall'umanità, il più immenso oggetto che la nostra specie ha lasciato su questo pianeta. Il leader comunista Mao Zedong, vincendo il disamore per la storia antica del suo Paese, nel 1935 disse: «Non sei un vero uomo se non l'hai scalata».

Però la seduzione che la Grande Muraglia esercita sui cinesi non è priva di ambiguità. È la metafora di una lunga e grandiosa età dell'oro, di passate glorie imperiali. È anche un ingombrante ricordo di fallimenti e di errori. Iniziata intorno al 220 prima di Cristo per volontà dell'imperatore Shi Huangdi (dinastia Qin), il primo unificatore della Terra di Mezzo, la fortificazione dei confini sarà poi ripresa e ampliata lungo il suo tracciato moderno solo dalla dinastia Ming (1368-1644). In realtà come dispositivo bellico fu un fallimento clamoroso, una patetica linea Maginot all'ennesima potenza. Non impedì affatto le invasioni dei popoli nomadi che avrebbe dovuto contenere, né le incursioni degli unni né tantomeno l'occupazione e il lungo dominio dei mongoli. Rimase invece come il simbolo di una frontiera più culturale che geografica, una linea di demarcazione invisibile e resistente, quella fra la civiltà e i barbari. Un confine dello spirito oltre il quale i cinesi hanno sempre visto l'arretratezza e il caos, in contrapposizione all'ordine millenario del Celeste Impero. Ancora oggi, è al di là degli ultimi contrafforti della Grande Muraglia che per i cinesi comincia idealmente il loro Far West, le vaste zone semidesertiche della Mongolia, dello Xinjiang islamico e del Tibet da conquistare e colonizzare. Nell'ambivalenza cinese verso la fortificazione gioca anche il fatto che in tutta l'era moderna, dal 1644 fino al 1911, essi furono governati da una dinastia di ceppo straniero, i Qing di etnia mancese, cioè proprio uno di quei popoli barbari che il monumentale confine avrebbe dovuto arginare.

Fin da quando la scoprirono, per gli occidentali il fascino della Grande Muraglia fu irresistibile, condito di soggezione, incredulità, sconcerto. L'uomo bianco è rimasto stordito da un disegno così ambizioso e folle. La Cina, la più antica civiltà della storia, è l'unico caso di una nazione grande quanto un continente che ha voluto «murarsi», separarsi dal resto del mondo erigendo una barriera fisica lunga 6350 chilometri. È la distanza che separa Milano da New York.

I cinesi l'hanno coperta di una colossale serpentina di pietra, che nasce nel mare vicino alla Corea e si estingue nelle sabbie desertiche della Via della Seta, si arrampica sulle creste delle montagne, segue tutte le tortuosità dei rilievi naturali per dominare sempre dall'alto, con le torri a distanza fissa, mai troppo lontane l'una dall'altra, perché i posti di guardia potessero comunicare fra loro mediante i fuochi (nelle zone desertiche i depositi di fascine di legno per quei fuochi si sono fossilizzati nel corso dei secoli, dando origine a fantastiche sculture). Lo stupore e l'ammirazione occidentali traspaiono dal fatto che i resoconti dei primi visitatori attendibili furono immediatamente riversati sulle nostre carte: la prima è l'atlante di Abraham Ortelius stampato nel 1584 ad Anversa, *Chinae, olim Sinarum regionis nova descriptio*, dove i torrioni cinesi sono disegnati più alti delle catene montuose. La più bella è la carta di Martino Martini, il *Novus Atlas Sinensis* stampato ad Amsterdam nel 1655: lì la Grande Muraglia è una vistosa striscia rossa che si staglia su tutto il Nord della Cina. Dal Cinquecento in poi l'infatuazione occidentale non smetterà mai di crescere. Al punto che non è un cinese, bensì un americano a realizzare la prima mappatura scientificamente precisa: il geologo Frederick Clapp, inviato a cercare petrolio in Manciuria, nel 1920 pubblica sulla rivista dell'American Geographical Society la ricostruzione integrale del tracciato della Grande Muraglia, in scala 1:2.000.000.

Trascinato dalla stessa passione, cent'anni fa si inerpicava su queste rovine un personaggio singolare, William Edgar Geil, missionario americano venuto in Cina per diffondere la fede cristiana. Geil aveva una passione ancora più forte dell'evangelizzazione: la fotografia. Era anche un antesignano del trekking di montagna in condizioni estreme. Fu il primo uomo al mondo – cinesi inclusi – a percorrere la Grande Muraglia per tutta la sua lunghezza, dal 1907 al 1908. Strada facendo realizzò un reportage fotografico unico: un documentario sulla Cina di allora, e insieme una dettagliata testimonianza visiva dello stato in cui si trovava la fortificazione all'inizio del secolo scorso. Cent'anni dopo il fotoreporter inglese William Lindesay ha ripetuto l'impresa di Geil. Lindesay ha percorso più di 2700 chilometri a piedi lungo la Grande Muraglia collezionando le immagini insieme alle disavventure (all'inizio della sua odissea, nel 1987, fu arrestato dalle autorità cinesi). La sua prima scoperta è stata drammatica: «Per metà del percorso la Grande Muraglia è invisibile, non riuscivo più a scoprirne neanche le tracce remote». Un maestoso torrione fotografato da Geil nel 1907, nella provincia dello Hebei a est di Pechino, è semplicemente scomparso. Malgrado l'indifferenza delle autorità e della popolazione locale, per vent'anni Lindesay si è battuto per promuovere la conservazione e il restauro del più grande reperto archeologico della storia. Oggi la Grande Muraglia è riconosciuta dall'Unesco come patrimonio dell'umanità e la Repubblica popolare ha varato la prima legge per tutelarla e punire le devastazioni. Il nuovo Museo di Pechino Capitale ora rende omaggio a Lindesay ospitando un evento importante, «The Great Wall Revisited: from the Jade Gate to Old Dragon's Head». È la prima esposizione fotografica che mette a confronto la Grande Muraglia com'era cent'anni fa, e quel che ne rimane dopo gli assalti di generazioni di nuovi barbari: 80 foto in bianco e nero del missionario Geil, restaurate e ingrandite, si confrontano con 80 foto di Lindesay scattate esattamente negli stessi punti, da angolature identiche. Il risultato è spettacolare e drammatico. Anzitutto per la bellezza e la varietà dei paesaggi che pochi turisti avranno la possibilità di visitare. La Grande Muraglia attraversa zone impervie e inaccessibili, dirupi scoscesi e burroni pericolosi, come le gole Qilian lungo il fiume Taolai. In qualche caso il lavorio implacabile del tempo ha generato delle meraviglie. Nel deserto del Gobi l'erosione ha scolpito le mura, che si mimetizzano come dei canyon spettrali. Nel Gansu le tempeste di sabbia hanno stravolto la fisionomia originaria delle fortezze al punto che alcune ora sembrano voler ricordare le «stupa» indo-tibetane, altre evocano forme di piramidi mesopotamiche. Sembra quasi che nei secoli la storia e l'ambiente abbiano congiurato insieme per imprimere nella cortina pietrificata dei Ming l'influenza delle civiltà confinanti. A Jiayuguan, dove finisce per sempre la Grande Muraglia e l'orizzonte appartiene solo alla magia delle dune, l'ultimo castello di pietra prima del nulla sembra davvero la fortezza del *Deserto dei Tartari* di Dino Buzzati: si avverte lo stesso senso di desolazione surreale, la stessa atmosfera di attesa di un nemico sconosciuto che forse non verrà mai.

La bellezza dell'esposizione è guastata dall'orrido. Le foto centenarie del missionario Geil restituiscono una Grande Muraglia spesso decrepita, abbandonata, o divorata da una vegetazione prepotente. Ma le immagini recenti scattate da Lindesay rivelano una decadenza più sinistra, aggressioni più micidiali. È come se la Cina contemporanea si fosse vendicata di un monumento beffardo, che per secoli la ingannò con le sue promesse di invulnerabilità. La prima violenza è venuta dalla guerra moderna: i giapponesi, ma anche l'esercito nazionalista cinese e poi quello comunista non hanno esitato a sacrificare tratti interi della Grande Muraglia bombardandoli senza pietà (una di queste battaglie è immortalata al Museo di Pechino in una curiosa copertina della «Domenica del Corriere», 15 gennaio 1933). Le Guardie rosse della Rivoluzione culturale non la risparmiarono nella loro furia distruttrice di ogni cimelio storico. Lo sviluppo economico è il colpo finale. Lunghi tratti della fortificazione antica ormai sono affiancati dalle autostrade o sommersi tra i palazzi, nella morsa di cemento delle città che si allargano. Un identico tratto della muraglia nel Gansu che nel 1910 Geil fotografò intatto per dieci chilometri, oggi nelle immagini di Lindesay è attraversato da due linee ferroviarie, l'autostrada 312, una strada statale, 15 strade sterrate, 17 tralicci dell'alta tensione, un gasdotto. L'ultimo affronto è il turismo di massa. Certe foto di cent'anni fa dove la

Grande Muraglia è abbandonata a se stessa, diroccata, ricoperta di cespugli e di erbacce, sono meno tristi delle stesse riprese fatte oggi, dove i torrioni sono ricoperti da una fiumana di visitatori così sconfinata da nascondere lo stesso monumento. A Badaling, una delle sezioni della cinta più vicine a Pechino, in una giornata media passeggiano sui contrafforti 100.000 visitatori. Tutt'intorno, come una metastasi cancerosa, continuano a spuntare hotel, ristoranti, megaparcheggi per torpedoni, supermarket di ricordi. È di moda affittare intere sezioni della fortezza per feste e party privati. Lasciano dietro di sé montagne di rifiuti, lattine di birra, escrementi umani, graffiti. I potentissimi riflettori dei concerti rock sulla Grande Muraglia, quelli sì, devono vedersi anche dallo Space Shuttle.

1433, il misterioso viaggio dei cinesi a Firenze

Un «giallo» storico appassionante ha come protagonisti una delegazione di alti dignitari cinesi nella Firenze rinascimentale del 1433; le rivelazioni scientifiche di cui erano portatori gli emissari della dinastia Ming; un astronomo italiano esperto in cartografia; e infine il suo ruolo decisivo nell'ispirare le esplorazioni di Cristoforo Colombo.

Si è già discusso molto sull'ipotesi che la grande flotta dell'ammiraglio cinese Zheng He abbia scoperto l'America settant'anni prima di Colombo, e di recente a suffragare altri indizi si è aggiunto il ritrovamento di una carta geografica cinese del 1418 in cui figura il continente americano (anche se la California vi è rappresentata come un'isola). Ma ora un'altra pista – che non esclude il primato cinese per lo sbarco nel Nuovo Mondo – eccita la curiosità degli storici: è l'ipotesi che le formidabili traversate oceaniche di Colombo e di Amerigo Vespucci siano state possibili grazie al progresso tecnologico portato dai cinesi in Italia. Un ruolo chiave lo svolge la misteriosa ambasciata cinese del Quattrocento a Firenze, una missione fantasma a giudicare dalla scarsità di informazioni negli annali diplomatici della corte dei Medici o del papato. Questa scarsità di notizie sulla presenza degli illustri visitatori dall'Estremo Oriente però è meno sconcertante di quanto appaia. La distrazione degli storici dell'epoca ha una spiegazione razionale. Il 1433 è un anno particolarmente turbolento nella storia di Firenze perché è segnato dalla cacciata in esilio di Cosimo il Vecchio de' Medici, bersaglio della congiura degli Albizi. Nella vicina Roma intanto monta il malcontento popolare che culmina nel maggio 1434 con la rivolta dei banderesi e la proclamazione della Repubblica. Il papa di origine veneziana Gabriele Condulmer (Eugenio IV) è costretto a scappare travestito da monaco benedettino e a rifugiarsi proprio a Firenze, trasferendo per due anni a Santa Maria Novella la sede del pontificato. In mezzo a tante tensioni interne non stupisce la scarsa attenzione prestata nelle cronache ufficiali alla visita dei cinesi. Tanto più che gli scambi di ambasciatori tra la Cina dei Ming e l'Europa – in modo particolare lo Stato pontificio – non erano più un evento straordinario. Già nel 1338 Benedetto XII aveva ricevuto dei rappresentanti cinesi ad Avignone e un'altra delegazione era stata inviata in Italia dalla dinastia Ming nel 1371; a sua volta un'ambasciata papale aveva reso omaggio all'imperatore Yongle all'inizio del Quattrocento. Di questi intensi scambi sono pieni gli annali cinesi dell'epoca, che parlano delle missioni a Lumi (Roma), Fulin o Farang (Firenze).

Ecco come Firenze viene descritta nel resoconto di un ambasciatore di ritorno alla corte di Yongle: «A differenza che in Cina le loro case sono in mattoni, la gente fa il vino con l'uva, gli strumenti musicali includono clarinetto, violino e tamburo. Il re locale veste di rosso e di giallo e avvolge il capo in sete dorate. Ogni anno a marzo il papa va al tempio seduto su una portantina rossa trasportata da religiosi, circondato di ministri vestiti in colori verde e porpora, a cavallo. I piccoli reati sono puniti con decine di frustate. I crimini più gravi fino a duecento frustate. Per i reati capitali la pena è la morte, di solito per annegamento. Gli Stati pontifici sono piuttosto pacifici. Le dispute minori si risolvono con guerre di parole o lo scambio di messaggi diplomatici. Per conflitti seri però sono pronti a scendere in guerra. Coniano monete d'argento e oro, ma senza il buco che noi usiamo per legarli con la corda per contarli. Sulla moneta è impressa l'effigie del re con il suo nome e il titolo. La terra di Fulin commercia in oro, argento, perle, vestiti, cavalli, olive e uva». Questa è una descrizione basata sull'osservazione diretta, più precisa dei precedenti resoconti cinesi che nel Duecento venivano tradotti dai rapporti dei mercanti arabi al servizio dell'imperatore cinese; racconti dove spesso Roma e Costantinopoli venivano confuse in un amalgama. Nel 1225 lo storico Zhao Ruqua nel suo libro *Descrizioni di vari barbari* aveva citato Firenze come la città «dove gli uomini portano il turbante e mangiano spaghetti con una salsa a base di carne».

È lo storico cinese Wang Tai Peng, oggi docente in Canada all'Università di Vancouver, ad aver studiato le conseguenze eccezionali della missione del 1433. Una traccia preziosa è la lettera inviata nel 1474 dall'astronomo fiorentino Paolo dal Pozzo Toscanelli (1397-1482) a Cristoforo Colombo, insieme a una carta navale decisiva per propiziare la scoperta dell'America. In quella lettera Toscanelli riferisce a Colombo una lunga conversazione avuta con un ambasciatore cinese «che esprimeva sentimenti di grande amicizia per i cristiani» proprio nell'anno 1433 sotto il papato di Eugenio IV. Nella stessa lettera l'astronomo fiorentino cita l'emissario cinese come la sua fonte di informazioni «sulla grande dimensione dei loro palazzi reali, la meravigliosa lunghezza e larghezza dei loro fiumi e la moltitudine di città nel loro Paese». È noto che la Cina aveva già dimensioni demografiche molto superiori all'Europa, dove le maggiori città non superavano i 100.000 abitanti (Napoli e Venezia) e Firenze raggiungeva appena i 50.000. Secondo Wang Tai Peng la lettera di Toscanelli apre uno squarcio sulle «eccitanti interazioni intellettuali tra la Firenze rinascimentale e la Cina dei Ming, relazioni che in seguito sono rimaste sepolte sotto la polvere del tempo». Il Rinascimento, sostiene lo storico di Vancouver, «è ancora oggi considerato come un fenomeno essenzialmente italiano ed europeo; non si sono studiate le possibili influenze della scienza e della tecnologia cinesi, in particolare nell'astronomia e nella navigazione, benché sia ormai accertato dagli storici che la Cina del XV secolo era all'avanguardia mondiale in questi campi».

La portata dell'incontro fra l'astronomo fiorentino e la delegazione cinese viene riscoperta oggi, a sei secoli di distanza. Wang Tai Peng ricorda che fino a quell'epoca la cartografia europea era relativamente arretrata: i navigatori occidentali dovevano affrontare i mari senza un'accurata misurazione delle longitudini. Le lacune delle mappe rispecchiavano dal canto loro i ritardi dell'astronomia europea. Le flotte cinesi, invece, da secoli perlustravano l'Oceano Indiano utilizzando conoscenze astronomiche più avanzate per determinare sia la latitudine che la longitudine di una nave in mare. Nel Trecento l'ammiraglio Wang Dayuan aveva compiuto una traversata oceanica dal Mozambico a Ceylon, con centocinquant'anni di anticipo su Vasco da Gama, combinando l'uso dei sestanti e l'osservazione delle stelle. Nel 1413 la grande flotta guidata dall'ammiraglio Zheng He aveva compiuto una traversata diretta di 6800 chilometri dall'isola indonesiana di Sumatra al porto di Mogadiscio (Somalia) in venticinque giorni, un'impresa che non era alla portata degli europei con le tecniche di posizionamento e di navigazione di cui disponevano in quell'epoca.

La visita degli ambasciatori cinesi nel 1433 sembra un punto di svolta. Lo testimonia il figlio e biografo di Cristoforo Colombo, don Fernando Colón, ricordando che il Toscanelli considerava la Cina «un modello per noi latini non solo per le sue grandi ricchezze ma anche per i suoi eruditi scienziati, filosofi e astronomi».

La figura del Toscanelli è anch'essa avvolta da ombre e illazioni, perché gran parte delle sue opere sono andate perdute. Si sa che era un astronomo, matematico e geografo tra i più stimati del tempo, ammirato anche dal giovane Leonardo da Vinci. La sua influenza cruciale si esercita su Colombo. Nel 1474 Toscanelli teorizza la possibilità di navigare verso Occidente per raggiungere le Indie e la espone in una lettera indirizzata al canonico della cattedrale di Lisbona, l'arcivescovo Martins, a sua volta erudito cosmografo. Colombo viene a saperlo e si mette in contatto con Toscanelli che gli fornisce incitamenti, consigli, e una carta nautica per raggiungere il mitico Cipangu (Giappone) di Marco Polo facendo rotta dall'Europa verso ovest. L'astronomo fiorentino è probabilmente l'ispiratore scientifico delle imprese transatlantiche di Colombo e anche di Amerigo Vespucci, che sembra sia stato suo amico personale.

Lo storico Wang Tai Peng sottolinea che tutta l'attività scientifica di Toscanelli subisce un'accelerazione evidente dopo l'incontro con i cinesi. La delegazione della dinastia Ming porta infatti in Europa per la prima volta il calendario Datong, il più accurato dell'epoca nel prevedere le fasi lunari, il passaggio delle stagioni e le eclissi: tre anni dopo, nel 1436, Toscanelli insieme agli astronomi Regiomontanus e Nicola Cusano presenta alla Chiesa un progetto di riforma del calendario giuliano (ma bisogna aspettare il 1582 perché entri in vigore il nuovo e più preciso calendario gregoriano). È sempre dopo il suo incontro con la misteriosa delegazione cinese che il Toscanelli fa costruire nel Duomo di Firenze uno «gnomone» che per mezzo di un foro praticato in una lastra di bronzo alla base della cupola consente di controllare il passaggio del solstizio d'estate, correggendo le tavole dei moti solari.

Nel 1456 Toscanelli è il primo europeo a prevedere con esattezza il passaggio della cometa di Halley. È noto che gli scienziati cinesi avevano duemila anni di tradizione nello studio delle comete, e avevano registrato ogni passaggio della cometa di Halley dal 240 prima di Cristo. In quanto alla cartografia navale, il contributo decisivo dei cinesi per misurare la latitudine è la tecnica che consiste nel rilevare la declinazione del sole a mezzogiorno alla stessa longitudine ma su latitudini diverse. La mappa del pianeta che Toscanelli mette a punto nel 1474, e che attira la curiosità di Colombo, è la prima in Occidente a essere suddivisa per longitudini e latitudini. Secondo Wang Tai Peng, «non è esagerato affermare che Toscanelli ha la paternità intellettuale di tutte le esplorazioni transatlantiche che portano i navigatori occidentali ad approdare in America». A Cristoforo Colombo il fiorentino scrive che il viaggio in Cina verso Occidente «è non solo possibile ma certo, offre inestimabile onore e guadagno, e una gran fama tra i cristiani». Aggiunge di avere informazioni ricche e dettagliate «da uomini eminenti venuti da quelle terre fino alla corte papale, che parlano con grande autorità di queste questioni».

Per il ricercatore sino-canadese la vicenda dell'ambasciata cinese a Firenze non è solo un avvincente giallo storico che può gettare una luce nuova sulla conquista europea dell'America. È anche la data simbolica di una sorta di passaggio del testimone tra due mondi. Da quel momento infatti volge al tramonto l'era gloriosa delle imprese navali cinesi, che si esauriscono dopo la morte dell'ammiraglio Zheng He. La dinastia Ming affonda progressivamente in un'involuzione autocratica e isolazionista. La sua capacità di eccellere nell'innovazione si indebolisce. La supremazia della Cina come centro del commercio internazionale e dello sviluppo delle idee viene sfidata da nuove potenze emergenti. «L'Italia del Rinascimento» dice Wang Tai Peng «viene beneficiata dalla visita di una delegazione cinese, e anche grazie a questo contributo si prepara a sorpassare la stessa Cina nel secolo successivo.»

Shanghai anni Trenta

«Il sole era calato all'orizzonte e una brezza gentile accarezzava il viso. Sotto il cielo al tramonto l'imponente Ponte del Giardino era ammantato nella foschia. Ogni volta che un tram passava sul ponte i cavi sospesi lanciavano scintille. A oriente si vedevano uffici e magazzini delle ditte straniere sulla riva di Pudong, simili a mostri rannicchiati nella penombra, le loro finestre illuminate brillavano come una miriade di occhi. A occidente vedevi con un palpito di emozione sul tetto di un palazzo una gigantesca insegna pubblicitaria al neon che fiammeggiava di una luce rossa e verde fosforescente con le parole: Luce, Calore, Energia!»

Così inizia il romanzo *Mezzanotte* (1933) di Mao Dun, un'ode alla città di Shanghai che per lo scrittore marxista venuto dalla campagna è già una leggenda, affascinante e spaventosa. Le prime pagine del romanzo sono un'ammirata descrizione di tutte le novità che l'autore scopre per la prima volta: le automobili Citroën, i lampioni elettrici e le radio, i tailleur parigini e le scarpe dai tacchi alti delle signore, le giacche di tweed inglese degli uomini, la birra e la soda, la roulette e i bagni turchi, il fox-trot e il tango. Adorata dalla borghesia europea, Shanghai era già negli anni Trenta quello che è tornata a essere oggi: la metropoli all'avanguardia della Cina, capace di imitare e poi sfidare la modernità dell'Occidente. Perciò la sinistra cinese aveva con lei un intenso rapporto di amore-odio. A Shanghai era stato fondato il partito comunista nel 1921, da qui erano partite le prime rivolte operaie organizzate dal braccio destro di Mao Zedong, Zhou Enlai. Al tempo stesso la metropoli era il simbolo della malefica potenza del denaro. È una diffidenza che si ripete a settant'anni di distanza nell'eterna rivalità tra il governo di Pechino e i clan affaristici meridionali, nelle periodiche purghe entro i ranghi della nomenklatura, fino all'ultimo scontro del settembre 2006: il segretario del partito comunista di Shanghai agli arresti per corruzione e peculato, in collusione con i palazzinari della città.

La fortuna di Shanghai nasce nel 1832, quando i mercanti inglesi insediati a Canton intuiscono le potenzialità della sua posizione sul delta del fiume Yangtze, la grande arteria che attraversa il centro del Celeste Impero, e la Compagnia inglese delle Indie Orientali spedisce una cannoniera per costringere le autorità locali ad aprirsi al commercio. La più importante esportazione inglese di quel tempo verso la Cina è la droga, e con la vittoria nella guerra dell'Oppio (1842) gli occidentali impongono a Shanghai lo statuto di città aperta e vi stabiliscono le «concessioni», vasti quartieri amministrati dalle potenze straniere. La rivolta Taiping, che dura dal 1851 al 1864, semina violenza nel resto del Paese e provoca la fuga verso Shanghai di ricchi cinesi in cerca di sicurezza, insieme a intellettuali e artisti attirati dal contatto con le idee dell'Occidente, da una città tollerante e trasgressiva che si libera delle tradizioni confuciane. Illuminazione elettrica, gas, telefono, acqua corrente, tram, già alla fine dell'Ottocento la capitale cinese del business ha le infrastrutture più avanzate. Nel Novecento due cataclismi la favoriscono: la Prima guerra mondiale indebolisce l'Europa, il 1929 e la Grande Depressione frenano l'economia americana. Shanghai ne approfitta per risucchiare investimenti dal resto del mondo, moltiplica fabbriche e banche, diventa uno dei maggiori porti del pianeta. La sua popolazione esplode, dal 1910 al 1930 balza da uno a tre milioni di abitanti, di cui oltre 100.000 stranieri. Il governatore dell'epoca, Zhang Zhidong, esprime lo spirito della città: «Imparare l'utile dall'Occidente, l'essenza dalla Cina». La promiscuità delle influenze è visibile nella toponomastica stradale, una babele di lingue che mescola la Bubbling Well Road con la Rue Lafayette e l'Avenue Joffre. Il cosmopolitismo è immortalato negli stili architettonici del Bund, l'elegante viale lungo il fiume Huangpu dove si mescolano edifici d'impronta neopalladiana inglese, Art Nouveau francese, Art Déco e Liberty americano. Sul Bund la fusione tra Oriente e Occidente si è materializzata a lungo nei due leoni in bronzo che dominavano la scalinata del palazzo della Hong Kong and Shanghai Bank, finito di costruire nel 1923, la più grande sede bancaria del mondo a quei tempi. I clienti prima di entrare accarezzavano la testa dei leoni: un omaggio alla ricchezza dell'impero britannico investita in quei forzieri, e all'antica venerazione cinese per i talismani di animali portafortuna.

Anche se negli anni Trenta viene chiamata la Parigi d'Oriente, già allora Shanghai in realtà è rivolta più verso New York, nell'urbanistica vuole imitare l'Empire State Building, il Chrysler Building, il Rockefeller Center (un'impresa che le riuscirà oltre ogni speranza settant'anni dopo, quando il solo quartiere di Pudong sorpassa Manhattan per numero di grattacieli). Mentre in America Francis Scott Fitzgerald celebra «l'età del jazz», dilagano a Shanghai le orchestre di sassofonisti e bassisti neri che al Peace Hotel intonano *I Can't Give You Anything but Love* sui ritmi di New Orleans. Il magazine più in voga nella metropoli cinese diventa «Vanity Fair». La MGM apre studi di produzione in quella che si afferma come la Hollywood asiatica. Cinque anni dopo San Francisco, la seconda maggiore sala cinematografica del mondo viene inaugurata a Shanghai. Il missionario inglese reverendo Darwent per compilare una guida della città registra minuziosamente il flusso del traffico e scopre che già allora a Shanghai avviene il sorpasso delle automobili sulle biciclette: in una mattinata di febbraio del 1930 conta 1863 autovetture e 754 autobus contro 772 biciclette in transito sulla via Nanjing. È quella via Nanjing il cuore del consumismo, la Quinta Strada di Shanghai che vede sorgere i primi quattro grandi magazzini, Xianshi, Yongan, Xinxin e Daxin, ciascuno con incassi strabilianti di 100.000 dollari (di allora) al giorno. I nuovi ricchi dell'epoca girano in Isotta Fraschini e Daimler, ballano il charleston all'Astor House e al Cathay Hotel. Orgogliosa del suo melting pot razziale, miracolosamente immune dalle crisi che divampano altrove, Shanghai è l'unico posto al mondo dove accade che il rappresentante diplomatico della Germania nazista, barone Ottomar von Dammbach, perda al poker 80.000 dollari in una sera giocando con Sir Elias Esdras, ricco ebreo sefardita, erede delle famiglie di mercanti fuggite da Baghdad nell'XI secolo per fare fortuna in Estremo Oriente.

Il ricordo più vivido di quell'era di capitalismo ruggente è rimasto impresso nei manifesti pubblicitari degli anni Trenta. Shanghai ne viene invasa, lungo le strade, nei cinema e nei bar, nelle case sotto la forma dei calendari-réclame. È in quel periodo che nasce un'arte pubblicitaria tipicamente shanghainese, con i suoi pittori e le tipografie specializzate. Il manifesto fonde motivi tradizionali cinesi – fiori, laghetti, giardini – con mode e stili di vita occidentalizzati. Protagonista assoluta della pubblicità è una nuova figura di donna: bellezze dipinte in pose da star cinematografiche, ammiccanti, sensuali, promuovono sigarette e cosmetici, abiti di seta, grandi magazzini e marche di benzina. Il dilagare di queste nuove icone femminili coincide con la popolarità delle «divine» del cinema cinese, star idolatrate alla pari di Marlene Dietrich e Greta Garbo. In un decennio vengono affissi 700.000 manifesti commerciali. Il paesaggio di Shanghai viene trasformato dalla pubblicità onnipresente. Il suo stile è così inconfondibile che è rimasto nella memoria di varie generazioni. Settant'anni dopo, di fronte alle riproduzioni che si vendono sulle bancarelle ancora oggi i cinesi riconoscono immediatamente le «donne di Shanghai». È anche grazie a quelle immagini sui manifesti degli anni Trenta che si consolida la fama della donna shanghainese emancipata e disinibita, volitiva e perfino dominatrice nei rapporti con l'altro sesso. Un modello di femminilità che allora ancor più di oggi era lontanissima dalla terribile realtà delle campagne: il commercio delle schiave, l'infanticidio delle bambine, il supplizio dei «piedi fasciati». Quando qualche esemplare di quei manifesti pubblicitari con le donne dalle gonne con lo spacco, i polpacci nudi, la sigaretta sulle labbra giungeva nella Cina più arretrata, alimentava lo stereotipo di una Shanghai depravata.

Era davvero una capitale mondiale del vizio, dove la mafia delle Triadi controllava le fumerie d'oppio, i bordelli e l'industria dei sequestri di persona. «Per gli stranieri e per i cinesi ricchi» ha scritto Stella Dong «Shanghai traboccava di un'abbondanza provocante; non c'erano limiti ai piaceri che il denaro poteva comprare. In nessun'altra città così tante energie umane erano dedicate al business del divertimento. C'erano più casinò, bische, nightclub e cabaret che in qualsiasi altra parte del mondo. Con una prostituta ogni trenta abitanti batteva ampiamente il record di Parigi, solo una ogni quattrocento.» Ma Shanghai non era solo quello. Nel suo seno accoglieva le correnti intellettuali più progressiste della Cina, era il centro del Movimento della Nuova Cultura in cui si riconoscevano alcuni dei maggiori scrittori cinesi del Novecento: Lu Xun, Pa Chin, Mao Dun. In un Paese ancora in larga parte rurale, immerso nel torpore e nell'isolamento dopo due secoli di decadenza della dinastia Qing, Shanghai s'impone allora come la fucina di una vivace cultura urbana, la punta avanzata della modernizzazione. La diffidenza che la circonda ricorda l'ostilità che l'America profonda ha sempre nutrito verso le sue città di frontiera più cosmopolite, New York e San Francisco.

Con l'avvento del comunismo dopo la Seconda guerra mondiale il giornalista americano Edgar Snow, amico e biografo di Mao, scrive un epitaffio per quella Shanghai. «Addio città luccicante di glamour; addio ricchezza pomposa che convive con orde di affamati. Addio ai cinesi eleganti nelle limousine blindate; ai gangster e ai sicari, ai club esclusivi, alle sale da oppio, alle puntate dei giocatori di mahjong, alle grida dei festini e delle ubriacature, alle vetrine con le sete, le giade e le perle. Addio ai transatlantici bianchi ormeggiati nel Huangpu; ai conquistatori americani e giapponesi. Addio alla più malvagia e alla più variopinta città d'Oriente, tutto questo è finito.»

L'addio è durato solo per poco più di trent'anni. Appena Deng Xiaoping ha seppellito Mao e la Cina rossa ha deciso di abbracciare il capitalismo, Shanghai si è risvegliata al ricordo della sua età dell'oro. I primi a capire che le riforme di Deng erano una cosa seria, i più svelti a ritornare qui per investire capitali fin dagli anni Ottanta sono stati i figli e i nipoti della ricca diaspora shanghainese fuggita dopo la rivoluzione comunista a Taiwan, Hong Kong, San Francisco e New York. Nel XXI secolo i regolamenti di conti tra le fazioni della nomenklatura comunista possono mandare in carcere il boss del partito cittadino ma il denaro scorre a fiumi nelle vene della città, la bolla speculativa del mercato immobiliare è gonfia, le gru lavorano giorno e notte, i cantieri continuano ad aprirsi. Ferrari e Maserati hanno sostituito l'Isotta Fraschini, per il gioco d'azzardo legalizzato ci si sposta in jet a Macao. E al vecchio Peace Hotel, appena restaurato da una catena di superlusso americana, l'orchestra jazz fa di nuovo il tutto esaurito ogni sera.

Yunnan, il paradiso assediato

Il volo Air China 4413 decolla alle 10.55 da Chengdu e atterra alle 12.05 a Kunming, quasi sempre puntuale. È lo stesso percorso dalla capitale del Sichuan a quella dello Yunnan che l'esploratore inglese Archibald John Little portò a termine nel 1904 «in esattamente quaranta giorni suddivisi fra 24 tappe, più le soste necessarie al riposo dei *coolies*», i facchini cinesi. La carovana di Little era composta di dodici *coolies* carichi dei loro *kang*, i grandi cesti di bambù stipati di provviste e portati sulla schiena, più due poltrone da viaggio per i «bianchi» sorrette da altri otto portantini. Due pony e un asino chiudevano il corteo. La spedizione avanzava faticosamente «su mulattiere precarie, pericolose in ogni stagione e impraticabili alla prima pioggia, lungo gole profonde, fiumi impetuosi e difficili da traversare, in questa estremità orientale dell'Himalaya». Le barriere naturali di una regione selvaggia e impervia, espugnata solo dalla cavalleria mongola del Kubilay Khan a dorso di yak, non scoraggiarono l'esploratore inglese affascinato dalla feroce bellezza dello Yunnan, che vuol dire «a sud delle nubi», cerniera fra la Cina centrale bagnata dallo Yangtze, il Tibet, il Myanmar, il Laos e il Vietnam. È una regione più vasta di Italia e Austria messe insieme, la più incantevole di tutta la Cina per le sue meraviglie: ghiacciai, laghi e montagne verdissime di una fitta vegetazione subtropicale, altipiani coltivati a riso e girasole, tè e tabacco, villaggi arcaici dai tetti a pagoda e i muri di calce bianca, 55 etnie diverse dalla storia più antica degli stessi Han (il ceppo cinese dominante). Già nell'Ottocento attirava la curiosità dei botanici occidentali e fu definita dai paleobiologi una «culla della vita» sulla Terra per i ritrovamenti di zooliti, tracce organiche che risalgono a 500 milioni di anni fa. All'inizio del Novecento il naturalista Joseph F. Rock esaltò lo Yunnan come un giardino dell'Eden scoprendovi centinaia di varietà di piante sconosciute altrove.

Se vi interessa l'ultimo scorcio di un paradiso terrestre andateci prima che sia troppo tardi. Oggi lo Yunnan è aggredito dal turismo di massa e dallo sviluppo economico a ritmi cinesi; la sua natura è minacciata dalla costruzione di nuove centrali idroelettriche che faranno impallidire perfino il celebre mostro delle Tre Gole, la diga più grande del mondo inaugurata nel giugno del 2006 sul fiume Yangtze.

Nel 1930, quando ci arrivò il giornalista americano Edgar Snow, lo Yunnan era ancora accessibile solo a piedi e a cavallo. L'unica differenza rispetto al viaggio di Archibald John Little era la ferrovia a scartamento ridotto costruita dai francesi, utile solo per raggiungere il Vietnam. Snow descriveva Kunming, che all'epoca si chiamava Yunnanfu, come una «storica città cinta di mura, con tutto il colore e il fascino eccitante di una selvaggia località di frontiera dove finivano le strade e cominciavano le carovane». L'isolamento era tale che lo Yunnan era per la Cina una sorta di Siberia meridionale: gli imperatori vi esiliavano i funzionari caduti in disgrazia.

Oggi arrivando a Kunming in aereo l'oggetto che si avvista per primo è il grattacielo hotel a forma di torre spaziale, copiato da un edificio di Seattle (USA), con il ristorante su piattaforma girevole al cinquantacinquesimo piano. Il lago Erhai, un tempo magnifico e placido come un mare sperduto su un altopiano, ora è circondato da decine di *suburbs* per nuovi ricchi, quartieri residenziali di lusso con ville a schiera ispirate ai modelli americani. La selva di gru e l'andirivieni di scavatrici e betoniere segnalano l'avanzata del nuovo svincolo autostradale che cinge il lago come un cappio al collo dell'impiccato. Il business del turismo di massa – in Cina questa espressione evoca dimensioni estreme – cresce del 20 per cento all'anno.

Una delle più suggestive attrazioni naturali di questa regione è la Gola della Tigre che salta, nel canyon scosceso scavato dal «Fiume d'oro», lo Jinsha Jiang, ovvero lo Yangtze nel suo alto corso. È la gola col maggiore dislivello del mondo, 3900 metri fra il letto del fiume e la cima del monte che lo sovrasta. È uno spettacolo maestoso e violento, le rapide si infrangono contro un masso triangolare dove, secondo la leggenda, una tigre spiccò il balzo da una parete rocciosa all'altra. Per secoli custodì un tragico segreto, il rito macabro dei suicidi giovanili nel popolo Naxi, quando i giovani innamorati sfuggivano ai matrimoni combinati dai genitori gettandosi nella cascata. Da Kunming per arrivare alla Gola della Tigre ci vogliono due ore e mezza in auto, un calvario breve ma mortificante rispetto all'avventura dell'esploratore Little. È un percorso a ostacoli fra cantieri di nuove superstrade in costruzione, colonne di Tir che sbuffano fumo nero, torpedoni turistici a motore diesel circondati da nubi di anidride solforosa, trattori agricoli che bruciano una miscela più inquinante di quella dei nostri motorini di trent'anni fa. Cinque chilometri prima di arrivare alla gola, sul versante opposto a quello del sentiero per il trekking, la fila degli autobus noleggiati dalle agenzie di viaggio si paralizza, mentre gli autisti eseguono manovre al millimetro sui tornanti a strapiombo. Conoscendo la Cina c'è da scommettere che fra breve il traffico sarà fluidificato da una bella autostrada a quattro corsie; ma sarà meglio? Già oggi nelle pozze di calma ai margini delle rapide impetuose del «Fiume d'oro» galleggiano bottiglie di plastica, lattine e sacchi di cellophane. Sulla via del ritorno, nel pomeriggio, a metà strada fra la gola e Kunming si attraversa il grande mercato delle vacche, dei bufali e dei cavalli, che attira gli allevatori da tutta la regione. Il traffico rallenta ancora di più perché la strada è ingombrata dai contadini in camion, in trattore o a piedi che incalzano le mandrie in marcia verso i piazzali per la vendita. I contadini più poveri, quelli che ancora camminano a piedi nudi dietro le mucche, guardano con invidia i più benestanti che trasportano le bestie sul trattore. Quelli che hanno il trattore sognano il camioncino che li sta sorpassando. E cento milioni di cinesi delle grandi città, il nuovo ceto medio urbano che scopre le vacanze e il turismo di massa, sperano di visitare la Gola della Tigre almeno una volta nella vita. Per lo Yunnan di Archibald John Little e Edgar Snow è già stata pronunciata la condanna a morte.

Sui piccoli villaggi delle minoranze etniche abbarbicati ai pendii delle montagne incombe ora un'altra minaccia terribile. Il governo di Pechino ha avviato la costruzione di tredici centrali idroelettriche, alimentate da altrettante dighe, per soddisfare la sete di energia dello Yunnan che si modernizza: i cantieri sconfinati di Kunming, le nuove villette a schiera con tutti gli elettrodomestici e l'aria condizionata, i grattacieli motel, gli shopping center e i karaoke bar. Uno degli sbarramenti di cemento armato per creare laghi artificiali e alimentare le turbine sta sorgendo proprio nelle vicinanze della Gola della Tigre. Entro la fine dell'anno l'insieme di questo complesso energetico produrrà 18.000 megawatt, 4000 in più del colosso che finora deteneva il primato mondiale, la centrale idroelettrica delle Tre Gole sul fiume Yangtze. Nella sua corsa verso lo sviluppo la Cina accumula i record e sta già preparando in casa propria il sorpasso della «madre di tutte le dighe». Fino a due anni fa il governo centrale ha tentato di mantenere una cortina di silenzio intorno ai lavori delle tredici dighe dello Yunnan, e si capisce perché. Centinaia di migliaia di abitanti saranno costretti ad andarsene a causa dell'allagamento di intere vallate; i fiumi già avvelenati dall'inquinamento subiranno i danni della sedimentazione; le gole ripide sono soggette a slavine e frane; l'intera regione è sismica e le dighe sono esposte al rischio di terremoti; lo shock sull'ecosistema avrà conseguenze devastanti sulla flora e sulla fauna. Solo alla fine del 2004 nove organizzazioni ambientaliste locali sono riuscite ad abbattere il muro del silenzio ufficiale. Le notizie sull'immane progetto che stravolge la natura dello Yunnan sono trapelate. Si sono mobilitate anche le ONG internazionali che hanno filiali in Cina, come Greenpeace e il WWF. Coalizzandosi, i verdi hanno ottenuto udienza a Pechino, sono riusciti a farsi invitare a un convegno dell'ONU sull'ambiente, hanno convinto il premier Wen Jiabao a decretare una pausa nei lavori per misurarne l'impatto ambientale. Ma quella vittoria celebrata un'estate fa è stata solo una breve illusione. Dopo pochi mesi d'interruzione Pechino ha ridato il via ai cantieri delle tredici dighe. Come accade quasi sempre in questi casi, il peso politico della città ricca e sviluppata (in questo caso Kunming) ha prevalso sulle ragioni della campagna. La sete di energia che esplode con la modernizzazione violenterà anche la Gola della Tigre. E se qualcosa le dighe idroelettriche non riusciranno a distruggere, ci penserà la marea infinita di famigliole in vacanza da Shanghai e Canton, l'inondazione di villeggianti in picnic con cartacce e lattine al seguito, i parcheggi e i fast food e i distributori di benzina da costruire lungo il percorso.

Al confronto l'orda mongola del Kubilay Khan passò su questa regione vergine come un uragano estivo, irruento ma fugace, una tempesta di vento di cui la natura cancellò presto le tracce.

Il mercato di Dali offre ancora le emozioni promesse dallo Yunnan: il profumo dei mattoni di miele grezzo appena estratto dagli alveari, i frantoi casalinghi sui marciapiedi che spremono olio di girasole, gli yak pelosi dei pastori che si aggirano fra le bancarelle di zafferano, peperoncini, spaghetti freschi molli, frittelle croccanti di pesce. Nel lago di Dali l'isola dei pescatori è rimasta sospesa fuori dal tempo con i suoi marciapiedi coperti da tappeti di gamberetti essiccati al sole, i vecchi che giocano al mahjong nel cortile del tempio taoista che funge anche da circolo sociale.

Il matriarcato che regge da millenni la vita di alcune etnie locali rivela qui il suo vero volto, ben diverso dalle fantasie occidentali. Nel centro di Dali c'è un viavai di donne in costume antico – gonne lunghe nere dai ricami colorati, grembiuli bianchi, cappelli a larga falda a forma di padella – piegate in due sotto il peso di cesti pieni di terra e mattoni. Queste contadine dai volti scuri rattrappiti e scavati di rughe dal sole di montagna sono al tempo stesso le muratrici e i «camion» di tutti i cantieri edili, secondo la tradizione per cui le donne comandano, gestiscono i patrimoni, e talvolta praticano la poliandria, ma in cambio di questo potere da sempre si sobbarcano tutti i lavori di fatica, i mestieri più umili e pesanti.

Dali, ex capitale imperiale, conserva le tracce di una storia eccezionale. Fu un crocevia etnico segnato dalle scorribande dei mongoli convertiti all'Islam, dalla persistenza di etnie antiche come i Miao o Hmong, i Bai, i Manzu, gli Yi o Norsu, ognuna con linguaggi e costumi, credenze e arti distinte, marginalizzate negli ultimi secoli e rifugiatesi tra le montagne dello Yunnan sotto la pressione demografica degli Han, il ceppo etnico dominante in Cina. Le 55 etnie censite ufficialmente dai demografi sono solo quelle sopravvissute fino a noi. In questo straordinario crogiuolo etnico, ponte fra le civiltà cinesi e quelle indiane, tanti altri popoli hanno vissuto e sono scomparsi, lasciando tracce che nessuno è più in grado di decifrare. Resta misteriosa, per esempio, la genesi delle tombe rupestri incastonate in caverne di montagna inaccessibili. Antropologi e storici non hanno trovato una spiegazione convincente, un'origine e una paternità certa del rito: non si sa con sicurezza in quale epoca e per quale ragione tanti morti furono issati su vette quasi irraggiungibili, sempre con la tomba rivolta verso l'apertura di una grotta, e sempre in modo che rimanessero visibili da un sentiero o una strada. Il popolo che rese onore così ai suoi defunti deve essere scomparso da tempo, portando con sé ogni testimonianza del suo passaggio e delle sue credenze.

Ancora più bella ma molto più irritante di Dali è Lijiang, che i cinesi chiamano «la piccola Venezia» dello Yunnan e a noi forse ricorda certi scorci di Bassano del Grappa e Vittorio Veneto. È un gioiellino di città dal centro storico conservato perfettamente, isola pedonale con i marciapiedi levigati di selciato lucido, le case in pietra nera, gli eleganti ponticelli sui canali dove scorre l'acqua fresca delle sorgenti di montagna. Già da tempo Lijiang ha venduto l'anima al commercio, si è trasformata in una città finta, per soli turisti, senza più nulla del suo tessuto sociale originario. È un incrocio fra San Marino e Mont-Saint-Michel, una collezione interminabile di negozi di souvenir e paccottiglia «folk», di alberghi e ristoranti, compreso un numero crescente di pizzerie. A Lijiang si percepisce chiaramente che l'effetto distruttivo del turismo di massa non è solo il gas di scarico dei torpedoni o le discariche di cartacce e lattine, ma anche l'inquinamento culturale per cui ciò che era vero diventa finto, il mondo intero si trasforma in una gigantesca

Disneyland invasa da teenager muniti di Nike, videofonini e camere digitali.

La sorprendente storia multietnica dello Yunnan finisce triturata allo stesso modo. Ogni sera alle sette, sul piazzale centrale di Lijiang di fronte alla statua di Mao Zedong, i torpedoni rovesciano masse di turisti paganti per lo spettacolo intitolato «Dinamico Yunnan: pot-pourri di danze e canti primitivi». È una maxiproduzione teatrale che vorrebbe rappresentare il meglio delle culture etniche locali e scimmiotta goffamente uno show di Las Vegas: i costumi tradizionali per diventare più fotogenici sono arricchiti di paillette sgargianti, l'illuminazione è da discoteca, la musica fonde le melodie antiche con i ritmi techno. Centinaia di visitatori – in maggioranza cinesi – affollano l'auditorium ogni sera e vanno in estasi di fronte a questa melassa che fonde storia vera e leggende, drammi e fiabe in un contenitore melò da TV commerciale. La qualità è migliore nell'ambizioso musical «neorealista» allestito dal celebre regista Zhang Yimou in una grande arena all'aperto alle pendici della Montagna Nevosa: ma anche lì è tutto finto e le tragedie del passato rimangono igienicamente fuori dal palcoscenico.

La storia vera dello Yunnan non assomiglia a un musical. Il crogiuolo multietnico è stato l'ininterrotto teatro di guerre di sterminio e persecuzioni. Basta un solo capitolo relativamente recente per capire. Nei primi censimenti demografici moderni della regione, compiuti nell'Ottocento, c'è la prova incancellabile del genocidio: tra il 1850 e il 1877 la popolazione dello Yunnan crolla da sei milioni a un solo milione di abitanti. In mezzo c'è lo spietato massacro dei musulmani da parte degli Han, dopo la rivolta islamica secessionista che ha il suo epicentro a Dali. Con la caduta di Dali nel 1873 i musulmani perdono ogni speranza e i cinesi possono scatenare un'operazione di annientamento, poi seguita dalla controffensiva demografica: l'invasione di immigrati cinesi (dieci milioni solo dal 1877 al 1910) per sommergere le etnie ribelli sotto la superiorità numerica Han.

Un passato così terribile non si dimentica facilmente. Nello Yunnan di oggi, dietro la messinscena ufficiale che trasforma la convivenza multietnica in una scenografia da Broadway, le tensioni covano. «Gli islamici ci sono sempre» mi dice la mia guida a Lijiang, Su Yidong, uno Han purosangue «e non li amiamo. Sono organizzati per mafie. Per esempio ci sono i camionisti musulmani, i tassisti musulmani, che occupano un intero mestiere, un'attività economica, e fanno fuori chiunque cerchi di entrare se non fa parte del loro clan.» È la sindrome mafiosa tipica di tante etnie minoritarie e perseguitate. La reazione diffidente e ostile dei cinesi è comprensibile. Gli islamici sono diversi dagli innocui, vulnerabili e indifesi Miao o dai pittoreschi Bai con le loro divinità scolpite in bambole di legno naïf, i loro villaggi primitivi come poveri atolli alla deriva di un'umanità in via di estinzione. Sono diversi anche dai tibetani tollerati per animare la finta Shangri-La ricostruita dal governo cinese a uso e consumo del turismo occidentale, enclave rubata al Tibet per annetterla allo Yunnan. I musulmani sono l'unica minoranza etnica ad avere un referente esterno, amici e fratelli di fede di là dalle frontiere in cui riporre le loro speranze di rivincita.

Le contadine del popolo Miao scese dalle montagne si aggirano per la via centrale di Dali con le eleganti tuniche nere e gli elaborati orecchini di argento tintinnante. Nei cesti che portano sulla schiena hanno da vendere frutta fresca tropicale, lane e cotoni ricamati, spezie e tè pregiato cresciuto a 2000 metri di altitudine. Un'altra merce la tengono nascosta sotto le gonne ma non esitano a proporla ad alta voce al turista straniero: hanno imparato a dire *pot*, «marijuana» in inglese, e anche in altre lingue straniere. L'eroina la offrono con più discrezione ma possono procurare anche quella. È raro che la polizia le disturbi. Il narcotraffico ha trovato gli spacciatori ideali in queste anziane donnine vestite nel costume tradizionale, pronte a mimetizzarsi nel mercato locale di artigianato folcloristico. Anche questo contribuisce al fascino fatale dello Yunnan, attira in questa regione remota un esercito di *backpackers*, giovani occidentali con zaino e sacco a pelo in cerca di qualche sprazzo della Cina antica. Dali è un'alternativa più tranquilla di Katmandu dopo anni di disordini in Nepal. Offre ai giovani venuti dalla California o da Amsterdam una vacanza esotica e insieme un'atmosfera permissiva, diversa dall'immagine che ci si fa da lontano della Cina autoritaria.

Così lo Yunnan riscopre una vocazione antica. Un secolo fa Dali era la capitale dell'oppio, l'epicentro di una dilagante tossicodipendenza che da queste montagne alimentava un vasto traffico verso Canton e Shanghai, così diffuso da ridurre all'agonia l'antica e raffinata civiltà cinese. I segni erano visibili nella vita della gente del posto. L'esploratore inglese Archibald John Little nella sua celebre traversata dello Yunnan nel 1904 descriveva così la regione: «I villaggi sono lerci di sporcizia e cadono in rovina, la gente è ridotta in estrema povertà e prigioniera dell'oppio. I nostri portantini sono tutti oppiomani e non affrontano le salite di montagna senza lo stimolo della droga. La gente è pallida, ha un aspetto malato. I negozi non aprono prima di mezzogiorno perché in questa zona di fumatori di oppio non si vede nessuno per le strade al mattino». Di questo spettacolo di decadenza Little dava la colpa a «una classe dirigente cinese fatta di oppiomani debosciati», e pur non essendo un rivoluzionario auspicava «una grande convulsione che liberi questo magnifico paese dai suoi governanti». La realtà però era diversa. La schiavitù dell'oppio era una malattia indotta, un'arma di distruzione di massa manovrata cinicamente dall'imperialismo occidentale. La Gran Bretagna, superpotenza economica e militare dell'Ottocento, soffriva un forte deficit commerciale con la Cina da cui importava grandi quantità di tè e materie prime tessili. La vendita dell'oppio, inizialmente prodotto nei possedimenti inglesi dell'Asia centrale o della Birmania, fu la soluzione per pareggiare i conti con la Cina. Quando la fragile dinastia Qing cercò di difendersi col proibizionismo, la Gran Bretagna scatenò la guerra dell'Oppio (1839-1842), stravinse, e con la firma del Trattato di Nanchino impose l'apertura dei porti cinesi alla sua flotta e ai suoi mercanti: il più importante caso di narcotraffico di Stato mai esistito nella storia. Fu grazie alla coltivazione dell'oppio, ben presto estesa dal Triangolo d'Oro (Thailandia-Birmania-Laos) fino alle montagne dello Yunnan, che questa regione cinese divenne un territorio appetibile, periodicamente invaso, conteso tra l'influenza dell'impero britannico e quella della Francia, che in Indocina prosperava a sua volta sul business della droga. Anche il giornalista americano Edgar Snow resta colpito dalla desolazione di questi posti: «Si sente dappertutto l'odore dell'oppio, pipe e lampade si vendono in tutti i mercati, la droga è facile da comprare come il riso. Per la strada si vedono madri che danno ai bambini, per farli star buoni, canna da zucchero oppiata. Il decadimento morale e la miseria si manifestano nell'abuso fatto dei bambini. In tutta la provincia ci sono probabilmente mezzo milione di schiavi, esseri umani venduti come teste da giogo, come bestiame. La pauperizzazione dei contadini è accelerata dalla produzione forzata dell'oppio e dal suo uso diffuso. Una situazione umanamente rivoltante».

La guerra contro l'oppio fu uno dei successi innegabili del maoismo. Nel periodo della dittatura comunista più radicale, dalla vittoria della rivoluzione (1949) fino alla fine degli anni Settanta, molti fattori contribuirono a far crollare le tossicodipendenze: il puritanesimo maoista, la repressione poliziesca e militare, ma anche l'isolamento commerciale e un'«economia di guerra» austera, egualitaria, rigidamente controllata. Tutto cambia a partire dagli anni Ottanta, con le riforme di Deng Xiaoping e il boom dell'economia di mercato: insieme al capitalismo torna anche la droga. L'epicentro del narcotraffico è di nuovo lo Yunnan, non tanto come luogo di produzione (almeno ufficialmente) ma come base di transito dal Triangolo d'Oro della confinante penisola indocinese. È un revival travolgente. L'anno scorso i sequestri di droga effettuati dalla polizia locale hanno avuto un balzo del 154 per cento. Dai tempi della guerra dell'Oppio il mercato è cambiato: nei primi quattro mesi di quest'anno, le fonti ufficiali rivelano il sequestro di tre tonnellate di oppio ma ben sette tonnellate di eroina. Dei 785.000 tossicodipendenti censiti ufficialmente dalle autorità cinesi, l'89 per cento sono eroinomani.

Il ritorno della droga è all'origine di un'altra emergenza sanitaria che raggiunge la gravità estrema nello Yunnan: l'epidemia di AIDS. Secondo l'agenzia internazionale UNAIDS ci sono 200.000 sieropositivi solo nello Yunnan e altri 300.000 nelle regioni immediatamente limitrofe. Il legame tra le riforme capitalistiche e il ritorno della droga nello Yunnan non si spiega solo con il fatto che la Cina del boom economico è tornata a essere un mercato ricco per il narcotraffico. È cruciale anche lo shock dello sviluppo su quelle minoranze etniche che costituiscono il 35 per cento degli abitanti dello Yunnan (su una popolazione totale di 40 milioni). I popoli «figli di un Dio minore», discriminati ed emarginati dai cinesi, della modernizzazione hanno solo le briciole. Spesso non parlano il mandarino, la lingua ufficiale di Pechino, hanno un livello di istruzione più basso; il potere locale e i posti di lavoro qualificati sono monopolizzati dal ceppo cinese Han. La fuga nell'eroina è la trappola in cui cadono molti giovani Miao-Hmong, Bai, Yi, disperati spettatori di un miracolo economico che li sfiora appena, quanto basta per contagiarli con sogni irraggiungibili. «In Cina» dice il coordinatore del programma UNAIDS, Joel Rehnstrom «la povertà e l'AIDS sono piaghe con una forte connotazione etnica.» Insieme alla droga e alla malattia riaffiora l'altra piaga del secolo scorso, lo schiavismo. Incapaci di inserirsi con successo nella Cina moderna, ma decise a non finire la loro esistenza curve nel fango delle risaie come le madri e le nonne, molte ragazze Miao finiscono preda dei trafficanti di carne umana. La frontiera è vicina. Per queste bambine cresciute sulle montagne più verdi e più belle della Cina il futuro è l'industria del sesso thailandese, i peep show di Phuket, i marciapiedi di Pattaya, le sale di massaggi a luci rosse di Bangkok.

Vietnam «rétro», il viaggio della nostra nostalgia

A Lao Cai il ponte sull'affluente del Fiume Rosso è attraversato da una folla di pedoni indaffarati, contadini vietnamiti curvi sotto i cesti stracarichi di frutta, ciclisti con le sporte piene che dondolano ai lati delle ruote, carretti trainati da buoi, qualche camion che trasporta carbone. Sono oziosi e indolenti solo i poliziotti che presidiano il confine: ormai i frontalieri che lasciano Lao Cai e percorrono il ponte per fare commerci in Cina non hanno neanche bisogno di un visto. In mezzo ai segni del nuovo benessere che dalla Cina contagia il Vietnam non c'è un solo monumento, non un museo, neanche una targa che ricordi il ruolo di questa cittadina nella storia. Con la ferrovia a scartamento ridotto nel 1954 arrivavano gli aiuti cinesi alle truppe vietminh del generale Giap che umiliarono i francesi nella battaglia di Dien Bien Phu, costringendo la Quatrième République a chiudere ingloriosamente la guerra d'Indocina. Con la débâcle francese venne l'accordo di Ginevra che divise in due il Vietnam lungo il 17° parallelo. Sul ponte di Lao Cai il flusso di armi da quel momento non fece che aumentare, dalla Cina di Mao verso il compagno Ho Chi Minh: ad Hanoi erano già in cantiere i piani per invadere il Vietnam del Sud. Nessuna traccia qui ricorda la solidarietà comunista tra Cina e Vietnam durante la guerra contro l'America, e neppure il suo tragico capovolgimento. Lao Cai fu uno dei luoghi martirizzati nel breve ma feroce conflitto del 1979 tra cinesi e vietnamiti, rivali per il controllo sulla Cambogia. La storia è un fardello ingombrante nel Vietnam «neocom» di oggi, il nuovo dragone asiatico invitato di recente con tutti gli onori nell'Organizzazione mondiale del commercio (WTO).

I turisti occidentali possono evitare le stanze fetide degli alberghi a ore di fronte alla stazione, i ratti sui marciapiedi, i vagoni letto dal puzzo di latrina. Per le comitive straniere Lao Cai è solo la breve tappa d'arrivo del Victoria Sapa Express, lussuoso treno con carrozze letto ricostruito nello stile coloniale. È un gemello dell'Orient Express, i coloni francesi lo usavano nel primo Novecento per sfuggire al caldo tropicale delle pianure e rifugiarsi su queste montagne a 1800 metri. Le avevano battezzate «Pyrénées Tonkinoises» (il Tonchino era la parte settentrionale del Paese, nella tripartizione amministrativa decisa dall'impero francese) e nell'aspetto sono tornate a esserlo da qualche anno. Nella vicina Sapa si riaprono raffinati alberghi francesi restaurati nello stile di allora, un gradevole incrocio architettonico tra gli chalet dell'Alta Savoia e l'estetica indocinese. Sulle montagne coltivate a terrazze dove cresce il «riso che s'incolla», in mezzo ai bufali d'acqua, i bambini della minoranza etnica Hmong hanno imparato a dire *hello, bonjour* e anche *ciao*, per esibirsi come animali da circo negli hotel per stranieri, dove le loro danze folcloristiche fanno da sfondo ai buffet di ostriche e aragosta.

È di moda il Vietnam «rétro». Un Paese immaginario di paradisi perduti, fantasie erotiche dell'uomo bianco, languori nostalgici da imperi decadenti. Nell'era del suo boom economico, consacrato nel 2006 ad Hanoi dal maxivertice dell'APEC (Cooperazione economica asiatico-pacifica) con George Bush e Hu Jintao, il regime comunista cavalca il business del turismo di lusso, accoglie a braccia aperte le multinazionali degli ex invasori, se si chiamano Sofitel o Sheraton e portano visitatori di alta gamma e adeguato portafoglio. Pierre Loti e André Malraux, Francis Ford Coppola e Oliver Stone, tutti gli autori della letteratura e del cinema occidentali che hanno visitato questi luoghi vengono riciclati per contribuire a una sofisticata menzogna: è la gaudente ricostruzione di un passato idealizzato, un Paese che recita il teatro del colonialismo come se dimenticasse di averlo odiato e di averlo sconfitto in guerre spietate. I francesi sono i primi a comprare questo inganno. Air France li sbarca direttamente da Parigi ad Hanoi per sorseggiare un Kir Royal all'ora dell'aperitivo davanti al teatro dell'opera che è una replica esatta del Palais Garnier. Li vedi sognare a occhi aperti in mezzo al fruscio delle cameriere dai fianchi snelli, avvolte negli aderenti *ao dai* di seta. Gaullisti o di sinistra, dopo qualche bicchiere al bar si lanciano in appassionate requisitorie contro i bombardamenti al napalm di Lyndon Johnson, dimenticando che a pochi metri dal loro albergo negli anni Cinquanta il governatore francese faceva torturare centinaia di prigionieri politici, uomini, donne e anziani.

Nella città di Hue il migliore albergo ha ripreso il nome della dinastia transalpina che lo fondò, i Morin. Nelle camere esibisce foto d'epoca della ricca famiglia anche se oggi è di proprietà di un'azienda statale vietnamita. Il concierge dell'albergo organizza visite alla vicina piantagione di caucciù per chi vuole rituffarsi negli antichi splendori ricreati dal film *Indochine*, con Catherine Deneuve nella parte dell'intraprendente latifondista. In omaggio al turista parigino la guida pudicamente sorvola sul fatto che quel caucciù fu una delle grandi rapine coloniali: 10.000 tonnellate prodotte nel solo 1929 nella regione dell'Annam. La gomma di qui fu una delle fonti della fortuna dei Michelin e anche dei lauti profitti della Banque d'Indochine, ai tempi in cui un usciere francese della banca guadagnava il triplo di un docente universitario vietnamita.

L'amnesia storica concessa ai turisti fa il gioco del regime di Hanoi che ha le sue ragioni per stendere un velo su altre pagine del passato. A Ha Long, splendida baia marina di montagne carsiche, gli occidentali sono invitati a vivere per un budget modesto un'esperienza da nababbi. Navigano nelle calde acque color smeraldo sulle giunche a vela, con marinai e camerieri dalla gentilezza squisita, cuochi che cucinano i granchi pescati al momento. Gli stranieri ignorano che questa placida invasione di minicrociere di lusso avviene nella zona che vent'anni fa era il teatro di un tragico esodo dei boat people, tre milioni di disperati costretti a fuggire dalla fame e dalle persecuzioni inflitte dagli eredi di Ho Chi Minh. Da quando ha sposato l'economia di mercato il governo accoglie a braccia aperte gli emigrati che vogliono tornare, proprio come fece Deng Xiaoping con la ricca diaspora cinese. Ma guai a riaprire le ferite del passato. Nessuno deve ricordare che negli anni 1964-75 insieme all'aggressione americana ci fu anche una vera guerra civile Nord-Sud, e che i vincitori imposero il comunismo soffocando la parte più ricca e moderna del Paese.

Qualche volta la realtà rovina il revival di atmosfere coloniali. Malgrado gli sforzi di fantasia delle agenzie di viaggio il Mekong non è più lo scenario selvaggio e tenebroso del film *Apocalypse Now* con Marlon Brando, quel fiume avvolto nell'insidiosa vegetazione tropicale dove le motovedette USA subivano micidiali incursioni dei vietcong travestiti da pescatori. Quando il regista francese Jean-Jacques Annaud per girare *L'amante* ha cercato le acque placide e sensuali descritte da Marguerite Duras, è rimasto deluso da un paesaggio «simile a un'autostrada di Città del Messico». Il delta del Mekong oggi attraversa una regione di venti milioni di abitanti con un'agricoltura fra le più produttive del mondo. Il fiume è una metropoli galleggiante, le sue acque inquinate brulicano di chiatte che trasportano cemento e ghiaia per i cantieri edili di Saigon, oggi Ho Chi Minh City, avviata verso lo stesso disastro ambientale di Bangkok o Shanghai.

Ma la voglia di sognare prevale, il Vietnam onirico ha ormai partorito un genere letterario e giornalistico inarrestabile. Nel 2006 Matt Gross ha dedicato un reportage apparso sul «New York Times» al pellegrinaggio nei luoghi della memoria di Marguerite Duras, alla disperata ricerca di ogni traccia della perversa relazione sessuale che la scrittrice ebbe da adolescente con un ricco cinese; non importa se la Chinatown di Saigon (Cholon) è resa irriconoscibile dall'esplosione del capitalismo: c'è sempre un mercante abbastanza sveglio da «ritrovare» miracolosamente nella sua soffitta le foto sbiadite – garantite autentiche – dell'amante cinese e di altri personaggi del romanzo autobiografico.

L'apice di questa messinscena è firmato dagli abili gestori dell'hotel Metropole di Hanoi, il palace glorioso che nella prima metà del Novecento ospitò tutte le celebrità del mondo. Dopo un periodo di decadenza durante il comunismo di guerra – vi pioveva dai soffitti pieni di buchi e nelle cucine spadroneggiavano colonie di topi – l'albergo è stato riportato allo splendore originario da una joint venture tra una banca locale e i francesi di Sofitel. Parquet in mogano, mobili in tek, antiche maioliche blu incastonate nella parete dietro la reception, la tettoia di bambù e vimini attorno alla piscina: tutto è tornato d'incanto come ai tempi in cui la piazza accanto si chiamava Square Chavassieux, le mogli dei diplomatici andavano in calesse al Petit Lac, e lo chef si vantava di fare la miglior bouillabaisse marsigliese a est del Cairo. Gli ospiti dell'albergo possono, per una tariffa non proprio modica, prenotare la suite dove alloggiò Somerset Maugham, o quella di Graham Greene, o infine dormire nello stesso letto dove Charlie Chaplin trascorse la luna di miele con Paulette Goddard nell'aprile 1936. Nella biblioteca dell'albergo figurano in bella vista le opere del principe Henri d'Orléans, che nel suo diario di viaggio *De Paris au Tonkin à travers le Tibet inconnu* (1892) fu uno dei primi ad ammaliare i francesi con lo spaesamento esotico del turismo in Estremo Oriente. Il management del Metropole non trascura nessun segmento di clientela, ha un occhio di riguardo anche per la sensibilità politically correct dei turisti più liberal: l'opuscolo in carta patinata sulla storia dell'albergo sottolinea che fra gli ospiti ci furono le due più famose contestatrici americane della guerra del Vietnam, l'attrice Jane Fonda detta Hanoi-Jane e la cantante folk Joan Baez (si deve presumere, vista la cronologia, che loro accettarono di convivere con i topi).

La sofisticata attrazione di questo restyling coloniale del Vietnam deve molto alle qualità indubbie dei suoi abitanti. Sono di una cortesia disarmante con gli occidentali, mai contaminata da tracce di risentimento per il passato (gli americani trasecolano di fronte a tanta simpatia, i francesi la considerano un normale omaggio alla loro missione civilizzatrice). I vietnamiti hanno un savoir-faire così spontaneo che ancora non sembra trasformato in professionalità come in altri Paesi del Sudest asiatico abituati al turismo da decenni. Sono per natura più educati e delicati dei loro vicini cinesi. Questi modi raggiungono la perfezione nelle donne e si confondono in un'inebriante miscela erotica per il maschio occidentale. Poche ore dopo essere sbarcato in Vietnam, circondato da ragazze discinte nella discoteca Apocalypse Now di Saigon, o avvolto nei profumi di olio aromatico che una massaggiatrice gli spalma sulla schiena, l'uomo bianco di mezza età si rispecchia inevitabilmente nella parte di Michael Caine. L'attore protagonista del film *Un americano tranquillo*, tratto da un romanzo di Graham Greene e ambientato all'inizio degli anni Cinquanta, interpreta il ruolo di un giornalista di mezza età che convive con una splendida fanciulla locale, dolce e desiderabile, accattivante e sottomessa. Lei naturalmente lo tradirà alla prima occasione andando a letto con uno ben più giovane e più ricco di lui. *Good morning Vietnam: business is business.*

Negli anni Sessanta in piena guerra il leader comunista Ho Chi Minh lanciò un messaggio agli americani: «Stenderemo il tappeto rosso davanti a voi perché abbandoniate il Vietnam. Poi quando avremo finito di combattere sarete di nuovo i benvenuti qui, perché avremo bisogno della vostra tecnologia e dei vostri aiuti». Allora poteva sembrare retorica e propaganda. Oggi la frase del presidente scomparso risuona come una sconcertante profezia. Lungo l'autostrada che conduce dall'aeroporto di Hanoi alla città non si vede un solo manifesto inneggiante al regime comunista, ai due lati invece c'è una fitta selva di cartelloni di pubblicità commerciali tra cui dominano le marche americane. Dalla Intel californiana (microchip elettronici) alle motociclette Harley Davidson, l'anno scorso le multinazionali USA hanno investito qui più di due miliardi di dollari per creare nuove fabbriche e vendere il sogno americano. Prima di arrivare in città si passa davanti a una riproduzione dell'Arco di Trionfo parigino in marmo bianco che funge da vistoso portale d'ingresso per un quartiere residenziale che potrebbe essere a Los Angeles o Miami, tante villette monofamiliari di lusso costruite per i nuovi ricchi che prosperano nel boom economico vietnamita. Il tassista si paga in dollari, il biglietto verde circola in tutto il Vietnam come la seconda moneta nazionale, accettato da negozi, ristoranti, alberghi (e semplifica i calcoli al visitatore straniero: il dong vietnamita infatti vale un decimo della vecchia lira italiana, un caffè costa 8000 dong).

Si fa fatica a credere che questo Paese sia stato protagonista per un decennio (1964-75) di una guerra spietata con gli Stati Uniti che straziò e divise il mondo, un conflitto senza quartiere che uccise tre milioni di vietnamiti e seminò orrende malattie a causa dei defolianti chimici usati nei bombardamenti, una tragedia che ferì per sempre la coscienza dell'America e la costrinse a ritirarsi per la prima volta nella sua storia di fronte a un avversario indomabile. Che i vietnamiti abbiano cancellato ogni rancore, Bill Clinton lo scoprì di persona già nel 2000. Il primo presidente americano a visitare il Vietnam in trentun anni (Richard Nixon c'era stato per salutare le truppe USA nel 1969) fu oggetto di un entusiasmo popolare che travolse le forze dell'ordine e sorprese il governo di Hanoi: decine di migliaia di giovani si accalcavano lungo l'autostrada dell'aeroporto sei ore prima che l'Air Force One di Clinton atterrasse. Un altro Bill catalizza ancora meglio l'innamoramento per l'America. Sempre nel 2000, quando il settimanale locale «Gioventù» organizzò un sondaggio fra i suoi lettori per stabilire chi fossero gli idoli delle nuove generazioni, stravinse Bill Gates. I voti raccolti dal fondatore della Microsoft tra i giovani vietnamiti erano sette volte superiori a qualunque leader politico nazionale. Il partito comunista rimase scioccato, la censura fece sequestrare e distruggere 120.000 copie della rivista. Ma da allora i giovani vietnamiti non hanno cambiato gusti, i loro dirigenti sì. Bill Gates visita regolarmente Hanoi, viene ricevuto con i massimi onori dal governo che è felice di attirare gli investimenti della Microsoft per fare del Vietnam un centro di produzione di software. La nomenklatura si è adeguata al «culto della personalità» che circonda l'uomo più ricco del mondo. Nel corso di una visita ad Hanoi nel 2006, Gates è stato l'ospite d'onore durante il più importante vertice del partito comunista. Il presidente della Repubblica e il primo ministro si sono assentati dai lavori del summit solo per fare una «foto di famiglia» con Gates. Fuori, la solita folla di giovani in delirio premeva contro i cancelli come se fosse di passaggio una pop star.

La trasformazione del Vietnam copia la ricetta del suo più potente vicino, la Cina. Anche qui resta un regime autoritario, il potere è in mano al partito unico che non ammette pluralismo né opposizione. Hanoi, come Pechino, senza rinnegare ufficialmente il comunismo ha adottato un insieme di riforme – battezzate *doi moi* che in vietnamita vuol dire «rinnovamento economico» – per traghettare il Paese verso il mercato. Il ritardo nei confronti della Cina è maggiore rispetto all'arco temporale che separa la politica di «apertura» di Deng Xiaoping avviata nel 1979 e il *doi moi* che ufficialmente partì nel 1986, ma venne applicato con più lentezza. I risultati sono comunque spettacolari. Vent'anni fa il Vietnam era una specie di Corea del Nord. Isolato, retto da un regime oppressivo, sotto il giogo del comunismo egualitario il Paese era sprofondato in una miseria peggiore degli anni di guerra. Il cibo era razionato, le risaie non bastavano a sfamare la popolazione. Oggi il Vietnam è diventato una potenza agricola che inonda il pianeta con i suoi raccolti. È il secondo esportatore mondiale di riso dietro la Thailandia, il terzo produttore di caffè dopo Brasile e Colombia, il secondo di noccioline dietro l'India. Vende in tutti i continenti pesce e gamberetti, petrolio e legname, scarpe e vestiti. È il nuovo dragone asiatico con tassi di crescita del PIL secondi solo alla Cina. Ha 84 milioni di abitanti per lo più giovanissimi, buoni livelli d'istruzione, salari del 30 per cento inferiori a quelli cinesi. È un nuovo bacino di manodopera a buon mercato per l'economia globale. In Asia molti esperti prevedono che il Vietnam sarà il futuro Giappone, per le dimensioni simili dei due Paesi (grazie a una natalità galoppante fra trent'anni i vietnamiti avranno superato i 127 milioni di giapponesi). La consacrazione del nuovo status del Vietnam si è avuta nell'autunno del 2006 con il suo ingresso nell'Organizzazione mondiale del commercio (WTO), fortemente appoggiato dagli americani.

Malgrado il miracolo economico, la distanza dalla Cina in termini di modernizzazione è ancora notevole. Oltre alla squisita gentilezza degli abitanti, anche questo ritardo nello sviluppo fa parte delle attrattive del Vietnam. Ci si ritrova un pezzo di Asia che altrove è ormai scomparsa. Hanoi è entrata nell'era della motocicletta, non ancora dell'automobile per tutti. Un denso fiume di motorini strombazzanti sciama per le viuzze della città a tutte le ore, è il nuovo status symbol del benessere e si vedono perfino famiglie di quattro-cinque persone in viaggio su un solo scooter. I grattacieli per ora sono pochi, Hanoi non si è omologata a Pechino o Kuala Lumpur. È rimasta un'impronta dell'architettura coloniale francese: un mélange di stili che rievoca Boulevard Haussmann e l'Art Déco; c'è la chiesa Saint Joseph copiata su Notre-Dame; nei vicoli si alternano patio, terrazze e ringhiere in ferro battuto che ricordano un po' Casablanca un po' New Orleans; case centenarie ex borghesi aggrovigliate in un vivace disordine di colori pastello rosa celeste giallo; seducenti facciate di stucco logorate dal clima subtropicale e da decenni di decadenza. La speculazione non ha ancora violato l'antico centro storico dove i vicoli rispettano le loro specializzazioni e portano i nomi dei mestieri – i fabbri, gli speziali, i sarti, i rosticcieri – e sulle bancarelle si alternano trippa di maiale, lampade di ottone, lanterne e aquiloni, gioielli, poi a tarda sera tutti i pianterreni si convertono in rimesse per motorini. Non si osa immaginare cosa sarà di questa città incantevole quando l'automobile sostituirà il motorino, se gli ingorghi e lo smog la trasformeranno in un'altra Bangkok. È un futuro probabilmente non troppo lontano perché è quello a cui aspira la sua élite del denaro, la nuova borghesia rampante che può vestire Ferragamo (sbarcato qui nel 2006) e fare jogging nel fitness club del Metropole Sofitel, 300 euro a notte.

La presenza del regime è discreta anche nel cuore della capitale: sono rare le statue commemorative e i manifesti di propaganda. Si nota poco l'esercito, nonostante i suoi 600.000 soldati ne facciano ancora una delle più agguerrite armate del mondo. Nulla fa pensare al «popolo guerriero» che negli ultimi duemila anni di storia ha passato più tempo in armi che in pace. È intatta l'aureola di prestigio che circonda Ho Chi Minh, ma a visitare il commovente mausoleo che ospita la sua salma i più numerosi sono i turisti stranieri (a differenza che per Mao in Piazza Tienanmen dove prevale il pellegrinaggio di cinesi). I due terzi dei vietnamiti sono nati dopo il 1975, l'anno in cui gli ultimi elicotteri dei marines evacuarono l'ambasciata USA di Saigon; per loro la «guerra americana», come la chiamano, è preistoria. Dopo un secolo trascorso dai loro bisnonni e nonni e genitori a combattere quasi ininterrottamente – contro i francesi, i giapponesi, gli americani, i cinesi – per la prima volta c'è un'intera generazione che non ha mai vissuto né in guerra né sotto un'occupazione straniera. La stessa classe dirigente, anche se ancora dominata dagli ex combattenti, ha deciso che le parole di Ho Chi Minh sulla riconciliazione vanno prese alla lettera. È una nazione che sorride sincera agli americani, ai francesi e ai cinesi, ai colonizzatori e nemici di una volta: turisti e businessmen sono accolti a braccia aperte, senza antipatie o recriminazioni.

Truc Bach, Bambù Bianco, si chiama il più affollato e allegro degli undici laghetti della capitale. Circondato di ristoranti, è frequentato sia dai turisti che dalle famiglie di Hanoi. Vengono ad affittare pedalò, a mangiare il gelato, a giocare con gli aquiloni o a bruciare incenso nel tempio. Passeggiando lungo la riva ci si imbatte in una strana statua che a prima vista sembra un Cristo in croce. Vuole rappresentare un aviatore che si lancia col paracadute. È l'omaggio dei vietnamiti al più celebre dei loro prigionieri di guerra.

John McCain, l'ex candidato repubblicano alle presidenziali del 2008, nell'ottobre 1967 era pilota militare ai comandi di un cacciabombardiere Skyhawk in missione sul cielo di Hanoi. Centrato da un missile Sam di fabbricazione sovietica, l'aereo precipitò nel lago Bambù Bianco. McCain finì in acqua col paracadute, svenuto per le ferite riportate. Sarebbe annegato se un operaio in pensione, Mai Van On, non si fosse lanciato in suo soccorso. Già allora McCain era una preda eccellente – suo padre era ammiraglio capo di tutta la flotta americana nel Pacifico – e non appena scoperta la sua identità la polizia militare si attribuì il merito del salvataggio-cattura: una piccola bugia nella lunga serie di manipolazioni che tuttora circondano la storia della guerra.

Nel centro della capitale c'è un altro luogo dove la memoria si annebbia. Gli americani lo battezzarono ironicamente «lo Hilton di Hanoi»: era il carcere per i prigionieri di guerra, in cui lo stesso McCain fu rinchiuso per oltre cinque anni. La storia ha giocato uno scherzo a quel nomignolo. Il carcere è stato smantellato e in quel luogo ora sorge davvero un hotel di lusso a cinque stelle. Della prigione antica è preservata solo un'ala trasformata in museo. Nelle celle vengono documentati gli abusi inflitti dai francesi ai detenuti politici nordvietnamiti durante la guerra d'Indocina. Una didascalia informa che il Vietnam del Nord invece garantì sempre ai prigionieri americani «un trattamento umano» e generose razioni di riso «superiori alla dieta quotidiana del nostro popolo». La menzogna fece trasalire Pete Peterson, il primo ambasciatore americano nominato da Bill Clinton ad Hanoi nel 1997, quando i due Paesi ristabilirono le relazioni diplomatiche. Peterson era stato anche lui un POW – «prisoner of war» – e nelle celle dello Hanoi Hilton fu massacrato di botte e affamato con un regime a base di zuppa di erba. Lo stesso McCain, a dispetto dell'aureola di eroe, sotto tortura confessò ai suoi aguzzini molto più di quanto consentito dal codice interno dell'esercito americano. È un dettaglio che i suoi avversari politici negli Stati Uniti si premurarono di rivelare, quando McCain divenne promotore della riconciliazione con il Vietnam attirandosi l'odio dell'ala intransigente del «movimento dei veterani».

Ricostruire la storia non è una priorità di questo Paese. Settanta chilometri a nord di Ho Chi Minh City (Saigon) visito i leggendari tunnel di Cu Chi, un miracolo di ingegnosità dei guerriglieri vietcong: è una rete che si estende per oltre 200 chilometri di angusti cunicoli sotterranei, a tratti ramificati perfino su tre piani, con depositi di armi, rifugi antiaerei, dormitori, cucine, invisibili uscite verso il fiume, che per anni sfuggirono alle ricerche del nemico. Si incontrano solo turisti americani, qualche francese e assorte comitive giapponesi. Nessun vietnamita sembra interessato. Quasi tutto straniero anche il pubblico nel

Museo degli orrori di guerra di Saigon, dove il visitatore occidentale fa un tuffo nella memoria degli anni Sessanta. Ci sono tutte le immagini atroci e famose della guerra che segnò una generazione al suo battesimo politico, lasciò l'impronta sul Sessantotto, ed è rimasta per sempre nell'album della sinistra mondiale. Qui si ha la prova visibile che quella guerra fu documentata solo da una parte: per creare il museo il governo ha saccheggiato gli archivi fotografici di Time Life, dove si ritrovano tutti gli scatti più celebri dei fotoreporter occidentali, un'antologia di premi Pulitzer a testimonianza di uno dei momenti migliori del giornalismo americano («la guerra non l'abbiamo persa sul terreno ma sulle colonne del "New York Times"» disse il generale William Westmoreland). È una memoria monca e unilaterale; nulla di quel che fecero i soldati nordvietnamiti è visibile. Ci sono le foto di «Life» sulla strage di My Lai – cinquecento fra donne e bambini uccisi dai G.I. –, manca ogni traccia delle esecuzioni di massa ordinate dal generale Giap durante l'offensiva del Tet nel 1968, per esempio i 3000 civili vietnamiti sterminati e gettati nelle fosse comuni a Hue.

Naturalmente la storia la scrivono i vincitori, ma nel caso di Hanoi l'oblio delle pagine più buie nasconde una ferita nazionale. Lo dimostra la mia guida, il trentenne Trong Nguyen, quando mi accompagna nell'itinerario lungo i luoghi della memoria. Con la massima naturalezza, nonostante sia nato dopo la guerra e sia indottrinato a dovere dal patriottismo di regime, essendo originario di Saigon lui parla sempre di «vittoria del Nord», di «ingresso delle truppe del Nord a Saigon». Mai gli viene in mente di usare il termine «riunificazione» che fu il dogma ai tempi del presidente Ho Chi Minh. Il vecchio Ho morì nel 1969 senza aver visto la fine della guerra. Lo spirito di unità nazionale fu tradito dalla seconda generazione dei dirigenti comunisti di Hanoi, incapaci di superare le rivalità antiche: da oltre mille anni il Vietnam settentrionale è confuciano e influenzato dalla Cina mentre il Sud è più buddhista e ha conosciuto una civiltà di derivazione indiana. Sotto i francesi il Paese fu diviso in Tonchino, Annam e Cocincina, e la tripartizione non era solo un artificio coloniale. L'armonia tra le diverse componenti non è mai stata facile. Il generale Giap fece assassinare migliaia di alleati nazionalisti non comunisti nelle purghe delle retrovie. Appena conquistata Saigon i Vietcong – cioè i guerriglieri comunisti del Sud – vennero emarginati e i nordisti presero tutto il potere. Quattrocentomila abitanti del Sud bollati come collaborazionisti degli americani finirono nei campi di rieducazione, due milioni furono deportati nelle campagne, tre milioni tentarono la fuga all'estero nella disperata odissea dei boat people. Con amaro umorismo alcuni intellettuali dissidenti hanno accusato Hanoi di essersi pacificata prima con l'America che con i suoi cittadini del Sud. Dopo la fine della guerra Truong Nhu Tang nelle sue *Memorie di un vietcong* scriveva: «I successori di Ho Chi Minh ci hanno dato un Paese che divora se stesso ed è ancora dipendente dagli stranieri [...]. Così, le tante vite sacrificate per costruire una nuova nazione sono ormai nient'altro che ceneri al vento».

All'ingresso c'è il manifesto del film di Francis Ford Coppola con il volto cupo di Marlon Brando. Dentro le ragazze in minigonna ultracorta accolgono i clienti offrendo birra Budweiser. Ti aspetti di vedere da un momento all'altro dei marines in libera uscita; invece entrano businessmen e giovani turisti americani, ma il clima è lo stesso. È la discoteca Apocalypse Now, uno dei ritrovi notturni più in voga a Saigon. Hamburger e whisky, musica techno e hip hop, giovani vietnamiti vestiti come teenager californiani e perfettamente anglofoni vengono in cerca di coetanei stranieri. Si riconoscono schiere di prostitute a caccia di clienti. Anche se la maggioranza della giovane clientela occidentale o vietnamita non conosce il film che dà il nome al locale, sembrano tornati i tempi della Saigon città-bordello sotto l'occupazione francese o americana. Un immaginario visitatore «ibernato» nel 1975 – quando l'ultimo elicottero dei marines in fuga evacuò l'ambasciata USA a Saigon – risvegliandosi oggi nella discoteca Apocalypse Now crederebbe che la guerra l'hanno vinta gli americani. Trent'anni dopo la ritirata il modello americano trionfa con armi che si chiamano Coca-Cola e Nike, MTV e Microsoft.

Il ritorno dell'America segna anche la rivincita di Saigon, la città più grande («sette milioni di persone più tre milioni di moto nelle strade» dicono gli abitanti) e di nuovo la più ricca da quando il Paese ha sposato l'economia di mercato. Capitale di un meridione un tempo disprezzato dai settentrionali di Hanoi perché corrotto dal lungo dominio occidentale, Saigon ridiventa il centro del potere che conta oggi, quello del denaro. Perfino ai vertici del regime l'ultimo avvicendamento generazionale ha sancito che il baricentro del Paese si è spostato a sud. Nel 2006 l'assemblea nazionale controllata dal partito comunista ha nominato il nuovo presidente e il nuovo premier. La scelta è caduta su Nguyen Minh Triet (che all'epoca aveva 63 anni) e Nguyen Tan Dung (56 anni, il più giovane premier del dopoguerra): tutti e due di Saigon.

Il Sud ha sempre avuto le condizioni per una superiorità economica. Il delta del Mekong vicino a Saigon ha più abitanti dell'Olanda e una delle agricolture più fertili del mondo: l'abbondanza di acqua e il clima tropicale consentono ben tre raccolti di riso all'anno, mentre Hanoi ha inverni rigidi e terre meno generose. Il Sud ha strade e porti migliori, eredità dei francesi e degli americani. L'emigrazione interna è stata sempre dal Nord verso il delta del Mekong per ragioni economiche o politiche. Nel 1954, dopo la débâcle di Dien Bien Phu, la ritirata della Francia e la divisione in due del Paese, un milione di settentrionali tra cui molti cattolici fuggirono dal Nord comunista rifugiandosi sotto il 17° parallelo stabilito come frontiera dagli accordi di Ginevra.

Ma un'emigrazione di altra natura avvenne nel 1975, quando Hanoi mandò i quadri comunisti a «normalizzare» Saigon. Il Nord non accettò di riconoscere che il Paese aveva attraversato una vera guerra civile, combattuta almeno da una parte degli abitanti del Sud in buona fede e per paura del comunismo. I soldati che erano stati con gli americani furono tutti considerati dei traditori, servi dell'imperialismo straniero. Ancora oggi non esiste un cimitero per onorarne la memoria. Dopo la riunificazione i meridionali vennero trattati come cittadini di serie B fino all'avvento del *doi moi*, il nuovo corso che ha aperto al capitalismo.

La rivincita del Sud trapela dalle parole: salvo che nei documenti ufficiali, è caduto in disuso il nome di Ho Chi Minh City con cui il regime aveva ribattezzato la capitale meridionale. Tutti la chiamano di nuovo Saigon e la città ha ritrovato quell'aria indaffarata e cinica, cosmopolita e materialista che aveva quando ci abitavano 17.000 tra diplomatici e militari americani, e i corrispondenti di guerra di tutto il mondo affollavano gli hotel Caravelle, Majestic, Continental e Rex. Rivive Cholon, la Chinatown descritta dalla scrittrice francese Marguerite Duras nel romanzo autobiografico *L'amante*. Dopo essere stata impoverita dall'esodo dei boat people negli anni Settanta, con l'abbondanza si è ripopolata di ricchi mercanti cinesi ed è tornata il centro di un'attività frenetica.

La rivincita di Saigon non è stata priva di incidenti. Il primo decennio di *doi moi*, dal 1986 in poi, aveva acceso l'euforia delle multinazionali americane; dalla General Motors alla Coca-Cola tutte accorrevano con progetti d'investimento grandiosi. Si era creata una bolla speculativa, le case per stranieri erano diventate carissime, Saigon era balzata nella classifica delle metropoli più care in Estremo Oriente. Poi di colpo venne giù tutto. Nel 1997 esplose la «crisi asiatica». La svalutazione del baht, la moneta thailandese, provocò il panico e una reazione a catena. La speculazione, dopo aver puntato sui dragoni del Sudest asiatico, ne scoprì di colpo la fragilità: alti debiti pubblici, Borse sopravvalutate e poco trasparenti. Con il fuggi fuggi dei capitali esteri crollarono come birilli tutte le monete della zona. Solo la Cina – allora meno aperta di oggi e dotata di una moneta non convertibile – rimase immune dal contagio. Il Vietnam, pur essendo a metà del guado fra comunismo e mercato, uscì prostrato dalla crisi asiatica. L'ardore delle multinazionali occidentali si spense, gli investimenti si fermarono.

Oggi la crisi asiatica è un ricordo lontano e a Saigon si torna a respirare un'atmosfera eccitata. Il Vietnam è inondato dagli investimenti stranieri. Non sono solo gli occidentali ad averlo scoperto come nuova frontiera della globalizzazione. Anche le grandi imprese cinesi del tessile-abbigliamento e del calzaturiero delocalizzano qui. La Cina, di fronte alle tensioni protezionistiche con l'Europa e l'America, impara a diversificare il rischio. Produrre con l'etichetta «made in Vietnam» consente di aggirare dazi e barriere, oltre a profittare di costi ancora più bassi di quelli cinesi: il salario minimo in Vietnam è 65 dollari al mese. Il boom che rilancia Saigon città-dai-facili-costumi calpesta i sogni di chi aveva creduto di costruire un Paese diverso. Tra coloro che non si lasciano travolgere dalla nuova febbre dell'oro c'è la scrittrice Pham Thi Hoai. Nel romanzo *Il messaggero celeste* ha scritto le parole più amare sul Vietnam di oggi: «Due grandi guerre sono passate; le medaglie luccicano soltanto durante le cerimonie, gli eventi straordinari sono ridotti in formato diciannove per ventuno nelle biblioteche pubbliche. Le grandi imprese... La gente comincia solo ora a trovare gli spazi per rileggerle e il desiderio di compierne delle nuove è seriamente compromesso a causa del dubbio, quando non cade in uno spazio desolato, scosso soltanto dallo sforzo vano di qualche persona di buona volontà. Né gli slogan e la violenza, né i gesti folli possono risvegliare quel desiderio. E così, le grandi imprese vengono sostituite da piaceri fittizi e soprattutto dal denaro che ha l'illimitato potere di procurarli. Guardiamoci attorno: la gente ruota vertiginosamente attorno all'asse denaro, i più forti riescono a rimanervi attaccati, i deboli vengono scagliati lontano; è la legge della selezione naturale».

A Saigon il mio accompagnatore Ha Xuan Loi ha trent'anni, parla quattro lingue, ha un'intelligenza vivace e ironica, oltre a una memoria che gli consente di recitare d'un fiato le formazioni complete e i marcatori della nazionale italiana di calcio negli ultimi quattro mondiali. Con i suoi 100 dollari al mese di stipendio da impiegato, confessa, ha potuto permettersi di affittare solo «un loculo di 13 metri quadrati, a venti chilometri dal centro». Sposarsi non gli sarà facile. Lamenta il fatto che «gli ospedali e le scuole non sono più gratis da un pezzo, e ogni anno che passa diventano più cari». Come in Cina, anche in Vietnam l'abbandono del socialismo egualitario ha sprigionato energie eccezionali, ha consentito lo sviluppo economico e la diffusione del benessere, ma al prezzo di acute diseguaglianze sociali. Gli estremi della ricchezza e della povertà convivono alla periferia di Saigon. Da una parte sorgono ville nuove fiammanti da un milione di dollari. Lì vicino un esercito di vecchiette lavano nel fiume i sacchetti di cellophane raccolti nell'immondizia, per riutilizzarli: per loro anche quelle plastiche sono un bene prezioso, non si butta via.

Con la nuova ricchezza è esplosa la corruzione, diffusa a tali livelli da esasperare perfino un popolo abituato ai soprusi della nomenklatura comunista. Il governo lo ammette, a ogni assemblea del partito si levano alte grida contro le ruberie dei funzionari pubblici. Uno scandalo recente ha avuto per protagonista un intero ministero, quello che gestisce gli aiuti internazionali e gran parte dei lavori pubblici. I fondi stranieri venivano smistati nelle tasche di vari ministri, fra cui quello dei Trasporti, i quali li usavano per piazzare scommesse sui campionati di calcio stranieri. Sette milioni di dollari sono spariti dalle casse dello Stato in questo modo. In una sola scommessa su una partita tra Manchester United e Arsenal in Inghilterra, un ministro vietnamita ha puntato e perso 320.000 dollari. Per tentare di scuotere una classe dirigente abituata all'impunità è sceso in campo l'ultimo eroe nazionale ancora in vita, il leggendario generale Vo Nguyen Giap. Giap, oggi novantottenne, ha dichiarato che «il partito è diventato uno scudo dietro cui si proteggono dirigenti corrotti». Gli ha fatto eco al congresso comunista il segretario generale del partito Nong Duc Manh: «Tra i quadri e i funzionari pubblici c'è un grave degrado di ideologia politica, di qualità morale, di stile di vita; dilagano l'opportunismo, l'individualismo, la corruzione e lo spreco». Prima che al Politburo risuonassero parole così esplicite, l'allarme era venuto dal basso. Già alla fine degli anni Novanta violente rivolte contadine hanno scosso Thai Binh, antica roccaforte comunista che aveva fornito mezzo milione di reclute all'esercito rivoluzionario di Ho Chi Minh. Oggi il malcontento sociale si agita nel cuore del nuovo miracolo industriale, sfocia nei primi scioperi operai importanti dal dopoguerra. Il conflitto maggiore ha avuto come epicentro un simbolo dell'economia globale in cui il Vietnam si sta integrando: la Nike. La fabbrica della Pou Chen sorge a 50 chilometri da Saigon: posseduta e diretta da capitalisti di Taiwan, è il principale produttore di scarpe «made in Vietnam» per conto della Nike. Nel marzo del 2006 gli operai della Pou Chen hanno abbandonato la fabbrica per uno sciopero selvaggio, sono spariti per tre giorni. Solo dopo avere ottenuto un aumento dei salari sono tornati al lavoro. Attraverso le fabbriche di terzisti che lavorano per lei, la Nike è il più grosso datore di lavoro straniero in Vietnam e da qui esporta 800 milioni di dollari di prodotti verso i mercati occidentali. La multinazionale dell'abbigliamento sportivo su pressione delle associazioni dei consumatori americani applica da qualche anno una politica di «trasparenza sociale», pubblica rapporti sulle condizioni di lavoro dei suoi fornitori nei Paesi emergenti. Lo sciopero alla Pou Chen ha messo in imbarazzo i dirigenti americani. Hanno reagito dichiarando che la protesta degli operai vietnamiti «è una lezione per tutti gli investitori stranieri, dimostra che tra i lavoratori sta crescendo la coscienza dei loro diritti via via che il mercato del lavoro diventa più competitivo». Il conflitto alla Nike è la punta di un iceberg. Nel 2006 il Vietnam è stato teatro di un'ondata di proteste senza precedenti, il più serio movimento di rivendicazione da quando il Paese si è aperto agli investimenti stranieri nel 1986. Il codice del lavoro del Vietnam riconosce il diritto di sciopero, ma di fatto questo diritto viene negato ai lavoratori dal momento che l'unico sindacato autorizzato è sotto la cappa del partito comunista ed è uno strumento di controllo degli operai più che di difesa dei loro interessi. Le proteste spontanee rivelano delle crepe nel consenso verso il sistema politico.

Il regime ha concesso però delle liberalizzazioni, e non solo sul terreno economico. La religione torna a essere praticata senza ostacoli, alcuni templi buddhisti si riempiono ogni pomeriggio di processioni di donne tutte vestite con la stessa sobria tunica grigio-marrone; sembrano suore ma sono nonne e madri di famiglia che obbediscono a un'antica tradizione. Il revival della minoranza cristiana ha dato luogo a una manifestazione spettacolare nel novembre 2005, quando migliaia di fedeli cattolici sono sfilati in processione per le vie di Hanoi per recarsi alla cerimonia di ordinazione di 57 nuovi sacerdoti. Per le strade di Hanoi e Saigon sono in vendita quotidiani americani e inglesi (cosa impensabile a Pechino), le librerie offrono un'ampia scelta di testi stranieri e le giovani generazioni poliglotte sono esposte alla circolazione di idee e informazioni. Il controllo della censura su Internet è meno rigido che in Cina. Pesa il fatto che il Vietnam è un Paese assai più piccolo del suo potente vicino settentrionale, quindi più sensibile alla pressione internazionale.

IV

«Il nostro ottimismo vi contagerà»

Il modello orientale e il desiderio di futuro

I neonati di Natale in India

«Non c'è un momento migliore di questo per mettere al mondo un bambino. Viviamo in un'epoca felice e la sua lo sarà ancora di più.» Ci vuole un bel coraggio a parlare così quando il figlio che ti sta per nascere dovrà farsi largo sgomitando in un Paese di un miliardo e cento milioni di persone. Di fiducia le mamme indiane ne hanno da vendere, e in India fanno più bambini che in ogni altra nazione al mondo La notte di Natale del 2007 i reparti di maternità qui hanno lavorato a pieno ritmo. In nessun'altra zona del pianeta gli uffici dell'anagrafe sono stati così indaffarati a registrare un esercito di neonati. Devika Chugh, 27 anni, era una delle mamme di New Delhi che stavano facendo il conto alla rovescia. Mi ha accolto radiosa in casa sua poche ore prima di entrare in ospedale, eccitata all'idea di raccontare la sua esperienza. Col pancione si è messa in viaggio all'inizio del nono mese da Hyderabad, dove lavora nel marketing di un'azienda di software, perché è qui a New Delhi, nella città dei nonni, che voleva far nascere il suo bambino. O la bambina, chissà. «Non ho preferenze maschio-femmina e mio marito neppure, davvero, però mi sarebbe piaciuto saperlo prima. Ma la legge vieta al ginecologo di dirci il sesso per evitare gli aborti selettivi...» Serena e rilassata, avvolta nel suo sari decorato con cento colori, Devika si diverte quando chiedo se non ha mai pensato che la vita potrà essere dura per un piccolo che nasce con tanti concorrenti a cui contendere lo spazio vitale. «Ah, certo questo è un Paese competitivo e il futuro se lo dovrà conquistare come abbiamo fatto noi: studiando, perché è l'istruzione che ci ha salvati. Questa lezione non dovranno dimenticarla i nostri figli. Ma nascono in un periodo fantastico. Pensi che il sogno di tanti nostri anziani era andare all'estero: l'emigrazione era l'unica via d'uscita. Io sono certa che il mio bambino invece crescerà in India e riceverà qui un'istruzione tra le migliori del mondo. L'India di oggi è l'America di quarant'anni fa, il Paese delle opportunità.» Dalle finestre di casa sua filtra una luce giallastra, il cielo di New Delhi è velato da una nebbia di smog puzzolente, sono i gas di scarico di una baraonda di camion, auto e motofurgoni che si avvinghiano negli ingorghi clacsonando ossessivamente. Che aria respireranno questi giovani? «Ne parliamo spesso con mio marito, sa» dice Devika, «cerchiamo di capire cosa possiamo fare. Qualcosa sta cambiando: arriva il gas naturale che è meno peggio del carbone, la gente impara a usare meno plastica e più materiali riciclabili. Cosa sarà questa città fra vent'anni? Dipenderà da noi e dai nostri bambini, io sono certa che miglioreremo tutto, riusciremo a pulire anche il colore del cielo.»

Quando è il momento di fare figli le mamme indiane non guardano solo in avanti. Il peso della tradizione è formidabile. Balza agli occhi il ruolo centrale della famiglia «allargata». Smita Rattan, 29 anni, ha lasciato un posto ben pagato all'American Express sette anni fa per dedicarsi all'educazione della sua prima figlia. Tra poche ore nascerà il secondo e anche per lui (o lei) nei primi anni vuole fare la mamma a tempo pieno. «Ho smesso di lavorare per la gioia di godermi le prime tappe della loro infanzia e sono proprio felice così» dice, «con mia figlia passo più tempo possibile e non mi basta mai. Gioco, studio, faccio i compiti con lei, che sta diventando un piccolo genio del computer. I piccoli noi non li facciamo neanche dormire in un'altra stanza, perfino la siesta voglio farla insieme.» Come tante mamme, durante la gravidanza si è trasferita a casa dei suoi perché anche i nonni sono figure centrali, amorosi e autorevoli, invadenti e indispensabili. «Saranno presenti durante le mie doglie, gli anziani leggono testi religiosi e cantano per aiutarci a placare i dolori.» I nonni hanno addobbato la casa come un tempio per la loro Smita incinta. Nella camera da letto troneggiano la statua di Shiva e della moglie Parvati circondati da un pantheon di altre divinità indù: Rama, Krishna, Ganesh l'elefante, Lakshmi la dea dell'abbondanza, Sai Baba, Durga Mata. È un presepio napoletano all'orientale, nel cuore della più grande religione politeista che sopravvive tenacemente da tremila anni. La prima lettera del nome del figlio sarà scelta da un sacerdote. Al quarantesimo giorno dalla nascita in casa dei nonni si terrà una cerimonia religiosa, la puja, per dare il benvenuto al piccolo nella casa e benedire il suo futuro. Schiere di familiari affluiranno in pellegrinaggio portando regali come tanti re magi, in un tripudio di collane di fiori.

La fede è stata preziosa per Shaveta Sanjay, 30 anni, manager della Citibank a Bangalore. Anche lei è venuta a New Delhi per partorire a Natale vicina ai suoi genitori. «Ho avuto una gravidanza difficile, piena di rischi. Ho padroneggiato la paura seguendo i consigli della mia ginecologa: ho letto solo libri sereni, le leggende e i poemi epici dell'antica tradizione induista, i fumetti che mettono in scena le gesta degli dei. Questi nove mesi mi hanno avvicinato al divino, ho capito che il potere dei medici ha dei limiti, alla fine siamo nelle mani della provvidenza. Spero che il bimbo che nascerà dedichi la sua vita ad aiutare i nostri connazionali più poveri. Ce n'è tanto bisogno. Sogno che sia un medico umanitario, che scelga nella libertà ma che nella sua vocazione ci sia lo spirito di servizio, per restituire quello che avrà ricevuto.»

Le prime tre donne col pancione che ho incontrato alla

vigilia di Natale appartengono alla nuova India che ce l'ha fatta, al ceto medio che ha studiato, dove si parla un inglese perfetto e ci si sente cittadini del mondo. Sanno di essere privilegiate. Sono anche la dimostrazione che la condizione della donna può cambiare a una velocità spettacolare. In altre regioni dell'India ci sono ancora vedove che si suicidano per sfuggire a un destino di miseria e di emarginazione, altre che alla morte del marito si rasano la testa e vivono come monache. E per decine di milioni di contadine il parto è un rischio mortale, la contraccezione un lusso sconosciuto. Basta poco però: un salto di generazione, l'accesso alla scuola e all'università, per fare la differenza. «Mio padre aveva nove fratelli, io arrivata a due figli ho deciso che mi fermo.» L'India continuerà a crescere, sarà la fabbrica dei bambini del pianeta per tutto il XXI secolo, ma la galoppata della natalità si sta moderando via via che sono le donne a deciderla.

Meenakshi Shrivastava, 31 anni, è meno benestante delle altre. Lavorava in un albergo, la sua casa è di gran lunga la più modesta. Suo padre si è fatto quindici ore di treno dal Bihar («la terra dell'imperatore Ashoka» precisa orgogliosa, «il fondatore dell'India tollerante nel III secolo avanti Cristo») per venire ad assistere al parto di Natale. «Mio figlio non sarà un bambino viziato» dice Meenakshi, «non avrà una vita facile. Eppure sono convinta che sia fortunato a nascere oggi. La vera ricchezza dell'India siamo noi, sono questi bambini che studieranno tanto e costruiranno un bellissimo Paese.» Scoppia a ridere quando le dico che nella vecchia Europa fa paura questo futuro sempre più affollato da «loro». «Ma che strana idea! Di cosa vi spaventate, che male c'è se sarà un mondo pieno di giovani indiani? Per decenni abbiamo fornito New York di tassisti, d'ora in avanti vi daremo i migliori chirurghi. Il nostro ottimismo finirà per contagiare anche voi.»

«Lussuria», e la mia parrucchiera

I cinesi più privilegiati si sono offerti il weekend a Hong Kong, dove *Lust, Caution* di Ang Lee non è censurato, per vederselo comodamente sul grande schermo. Ma i meno ricchi non si sono privati del piacere proibito. A Pechino, dov'era uscito brevemente nelle sale cinematografiche con le scene di sesso tagliate e poi è sparito del tutto su ordine del governo, il risultato della censura è stato soltanto di avere ingigantito il business dei DVD pirata. Lo hanno visto tutti, anzi tutti e tutte. Compresa la mia parrucchiera Donna Du, che lamenta la cattiva qualità della sua copia pirata. Troppo scure le immagini, dice, e ne soffrivano soprattutto le acrobazie erotiche dei protagonisti, le scene da kamasutra cinese girate in camera da letto. Donna Du pensa che non sia solo il sesso ad avere scatenato il censore. «La storia stessa, la protagonista, tutto è scabroso: è una donna che va a letto col traditore della patria. Qui si preferiscono le eroine positive.» La vicenda del film, Leone d'Oro a Venezia nel 2007, si svolge nella Shanghai del 1942 sotto l'occupazione giapponese. La resistenza clandestina incarica una giovane studentessa di sedurre il capo della polizia segreta, un cinese al servizio del governo collaborazionista filonipponico. Lei ci riesce, ma proprio quando attira il suo amante verso l'agguato dove i partigiani dovranno ucciderlo ha un improvviso ripensamento e gli salva la vita. «È sbagliato guardarlo come una storia politica» dice Donna Du mentre mi massaggia il cuoio capelluto con lo shampoo, «quello che interessa è il lato umano, i sentimenti.» Obietto che proprio lì ho trovato un punto debole nel film, rispetto alla celebre e conturbante novella di Eileen Chang da cui è tratto. L'evoluzione psicologica della protagonista arriva quasi inspiegata, in un lampo, durante la visita dal gioielliere dove il suo amante le regala uno splendido anello con diamante. Possibile che lei scopra di amarlo, o di essere amata, solo in quel momento? Provoco la mia parrucchiera. «Davvero» le chiedo «basta un regalo costoso per conquistare il cuore di una donna cinese?» Del resto il titolo originale, *Se, jie,* è pieno di ambiguità. *Se* indica la seduzione femminile e il desiderio sessuale; *jie* vuol dire astinenza, autocontrollo, prudenza (solo la distribuzione italiana naturalmente ha cancellato tutta l'ambiguità puntando su *Lussuria* e basta). Ma ci sono anche altri significati: «ruolo teatrale» per *se*; «anello» oppure «accerchiare, dare l'allarme» per *jie*. «Macché diamante» risponde seccamente Donna Du, «è molto prima della visita in gioielleria che lei comincia a provare un sentimento diverso, dall'odio è passata all'amore durante i loro accoppiamenti. La spiegazione del film è nella frase di un antico filosofo cinese: la strada che porta al cuore dell'uomo passa dal suo stomaco, la strada che porta al cuore della donna passa dal suo sesso. Ecco, l'eroina del film rappresenta la donna nella sua debolezza naturale, è schiava del piacere.» Donna Du sta lavorando di forbici sui miei capelli, è seria e concentrata, non riesco a leggere un'ombra di ironia nel suo sguardo. Ripenso a tutto quello che so di lei. La conobbi quando lavorava in un grande albergo internazionale di Pechino. Si lamentava di essere una dipendente, soggetta ai capricci autoritari della sua capa, sognava di mettersi in proprio e aprire il suo salone estetico. Non aveva un fidanzato e raccontava le rampogne di sua madre: «Hai già trent'anni, se aspetti ancora resterai una zitella a vita». Due anni dopo il fidanzato se lo è trovato, con un profilo perfetto: è un giovane imprenditore con una ditta edile specializzata nel ristrutturare e arredare negozi... e saloni estetici. Lui le ha prestato un capitale iniziale, lei si è messa in proprio affittando un locale al pianterreno di un grattacielo, in un condominio residenziale di lusso in pieno centro. Lui le ha fatto tutti i lavori per l'inaugurazione del salone estetico. Da quando è la padrona lei si ammazza di lavoro fino a tarda sera, col fidanzato ormai si vedono poco. Di recente hanno litigato, per una questione di soldi. Come accade abbastanza spesso quando osservo delle coppie a Pechino, mi sembra di vedere delle joint venture, delle società per azioni. Fisso la parrucchiera nello specchio mentre mi asciuga e mi pettina, rimane imperscrutabile. Mi ha ripetuto quella frase del filosofo cinese sulla «strada che porta al cuore di una donna» come un pezzo di saggezza ereditata, un dogma antico che non si discute, una convenzione che va rispettata per non turbare l'ordine delle cose: e dietro quella verità che viene dall'alto, il mistero dei suoi pensieri è impenetrabile. Il suo massaggio finale è più freddo e meccanico del solito.

La supercasta delle nuove donne indiane

Nella nazione che ancora non è riuscita a liberarsi dal sistema delle caste, una nuova barriera di classe sta nascendo tra le donne: il peso. Lo psicanalista Sudhir Kakar, acuto osservatore dell'evoluzione dei costumi in India, è convinto che nel suo Paese la moda della magrezza tra le donne abbia un significato più profondo che altrove. Diete dimagranti e palestre di fitness si concentrano in modo esclusivo in una élite di donne ricche e colte: «È il loro modo di distinguersi dalla massa delle altre donne indiane» sostiene Kakar. «Stiamo assistendo quasi alla nascita di una nuova casta.» Una casta basata non più sulle antiche distinzioni di mestiere sancite dai testi sacri dell'induismo, ma dalla silhouette. Anju Jospeh, che a Bangalore dirige una società specializzata in ricerche di marketing, la Quantum Market Research, è dello stesso parere: «Di colpo c'è una élite femminile che ha deciso di distinguersi dalle altre adottando un aspetto globale, e globale qui è sinonimo di magro». È una rottura radicale rispetto ai tradizionali canoni estetici che definivano la bellezza e l'erotismo nella donna indiana. I poeti classici della letteratura sanscrita hanno cantato le lodi di donne dai fianchi generosi, hanno definito voluttuose quelle figure femminili che sfoggiavano (o lasciavano intuire sotto i veli) tanta abbondanza. E questi ideali di bellezza non sono rimasti validi solo nell'antichità, quando la loro spiegazione socio-economica era fin troppo evidente: la donna florida era quella a cui non mancava il cibo, le belle curve evocavano ricchezza, aristocrazia, potere. Ma anche in tempi molto più recenti l'erotismo indiano ha mantenuto una sua orgogliosa differenza. Mentre gli occidentali già da diverse generazioni hanno adorato dee sottili come Audrey Hepburn e Jacqueline Kennedy, per arrivare fino a Julia Roberts e Kate Moss, fino a poco tempo fa le star femminili di Bollywood esibivano inconfondibili rotondità. Questo del resto è stato uno dei segreti della irresistibile penetrazione commerciale dei film di Bollywood in tutto il mondo arabo, in America Latina, in Africa e nel Sudest asiatico, cioè in altre civiltà dove ancora la Venere callipigia è uno dei miti ricorrenti nelle fantasie erotiche maschili. Di colpo Bollywood ha voltato pagina. Basta guardare i film di alcuni anni fa che passano alla TV indiana, e confrontarli con gli ultimi successi proiettati in prima visione nelle sale multiplex a Mumbai e Kolkata (Calcutta) in questi giorni. C'è un «prima» e un «dopo», in termini di chili e di fianchi delle star. Perfino Aishwarya Rai, la diva più universale e più esportabile del cinema indiano, pur non essendo mai stata sovrappeso ha subito un'ulteriore evoluzione verso la sottigliezza: se si confrontano le sue immagini di oggi con quelle del concorso di Miss Universo e dei primissimi film che la lanciarono, si scopre che perfino lei si è alleggerita.

Margot Cohen, che lavora per il «Wall Street Journal» in India, ha seguito a New Delhi la crescita del colosso VLCC Health Care: in pochi anni questo gruppo ha inaugurato 110 cliniche-spa di lusso specializzate in terapie dimagranti, e ne ha aperte altre 200 in tutte le maggiori città indiane. Le sole palestre di fitness sono un business da 750 milioni di euro all'anno. Anche il revival potente dello yoga fra le teenager ha questa motivazione: l'antica disciplina induista viene riscoperta dalle adolescenti come un efficace metodo per raggiungere la forma ottimale. Una parte di questo cambiamento repentino è legata all'evoluzione del mercato del lavoro. Almeno un terzo dei dipendenti delle multinazionali informatiche indiane sono donne. Anche se molte brillanti specialiste di software vanno in ufficio in sari, la concorrenza di Armani e Chanel si fa sentire. E se il tradizionale *salwar kamiz* avvolgeva e nascondeva tutti i chili di troppo, il lusso occidentale è meno indulgente. Un altro fattore che conta è la nuova consapevolezza salutista che fa breccia tra le donne più istruite. L'alimentazione indiana è meno sana di quel che si credeva. O meglio: questa cucina era sana quando la povertà costringeva a razionare gli ingredienti. Ora che il tenore di vita è migliorato, l'uso smodato di olio, burro e zucchero sta provocando un'emergenza sanitaria. Secondo le indagini dell'Organizzazione mondiale della sanità, oltre il 50 per cento delle donne indiane tra i 35 e i 65 anni è seriamente sovrappeso. Quaranta milioni di indiani (di ambo i sessi) sono affetti da diabete legato all'obesità. La nuova «casta superiore» delle indiane magre non è motivata solo dalla vanità.

La donna indiana a scuola di matrimonio

«Il maschio indiano non nasce volgare» scrive Mukul Kesavan, che appartiene alla categoria. «Conquista la sua volgarità grazie a un preciso allenamento. Bisogna acquistare certe abitudini, trasformarle in routine: la mancanza d'igiene, la capigliatura orrenda e altri tic disgustosi (lo sputo, le dita nel naso e molto peggio). Essere volgari è un diritto sacrosanto che il piccolo maschio si vede riconosciuto fin dall'infanzia. E naturalmente lo esercitiamo perché sappiamo che non ci impedirà di sposare una bella donna.»

L'ironia pervade tutto il libro di Kesavan, *The Ugliness of the Indian Male and Other Propositions* (2007). È una divertente satira sociale e di costume. In realtà, parlando del maschio rivela soprattutto la condizione della donna indiana. Per quanto moderna, colta, emancipata, a differenza dell'uomo deve sopportare un carico di aspettative esorbitanti sul suo ruolo nella sfera privata. La sua famiglia, e poi quella del marito, s'incaricano di ricordarle attraverso una formidabile pressione sociale tutto ciò che dev'essere: brava in cucina e a letto, servizievole con i suoceri e ospitale con gli amici del marito, madre amorevole che conduce i figli verso brillanti risultati scolastici, buona amministratrice del patrimonio familiare e capa autorevole del personale di servizio. Tutto questo vale anche se, nella sua vita professionale, è una donna di successo al punto da poter guadagnare più del marito. Può avere studiato a Harvard o fare la pilota d'aereo, ma la giovane indiana non sarà considerata «realizzata» finché non si è adattata anche al ruolo di moglie e nuora esemplare.

L'importanza del matrimonio «giusto» per la donna spiega il fiorire di un nuovo business molto indiano: le scuole di addestramento per future spose. Come la celebre Lifelong Learning Academy, o la Finishing School di New Delhi. Ci sono istituti di lusso dove un corso di poche settimane costa più di mille euro, una fortuna per la famiglia media indiana. Le ragazze imparano molto più delle buone maniere. Per impressionare i futuri suoceri e conquistare un marito dallo status sociale interessante, si richiede un savoir-faire di alto livello. In queste scuole si aggirano ex reginette di bellezza che insegnano a ballare il rock in discoteca ma anche a selezionare un vino francese o un piatto italiano dal menu di un ristorante di lusso. S'impara anche l'abbiccì della finanza, perché la moglie sappia dare consigli oculati su come investire i risparmi. La candidata sposa deve sfoggiare il giusto grado di cosmopolitismo ed eleganza per non fare sfigurare il futuro coniuge. Al tempo stesso, guai se dimentica i suoi doveri ancestrali nei confronti della famiglia del marito. In una cena, per esempio, la giovane donna dovrà essere sempre l'ultima a servirsi e l'ultima a mangiare, sorvegliando attentamente che la suocera abbia la precedenza su di lei. Cucina, cucito e preghiera sono tre ingredienti indispensabili nel curriculum delle scuole per ragazze da maritare. Se poi la giovane coppia dovrà coabitare con i genitori di lui – come accade – la moglie deve essere preparata a dominare i propri desideri sessuali per non infastidire i suoceri nei momenti inopportuni. Quando nasce un figlio, i nonni avranno spesso l'ultima parola sulla sua educazione.

La direttrice di uno di questi istituti, Anjali Bhalla, riconosce che il ruolo della donna è sottoposto a pressioni notevoli: «La vita è più complicata di prima. Le donne devono lavorare ma al tempo stesso l'amministrazione della casa resta tutta sulle loro spalle. Guai se non sono buone mogli e buone madri. Noi cerchiamo di aiutarle con un'iniezione di fiducia in se stesse». Altri istruttori esprimono in modo più esplicito il tradizionalismo che li ispira. Aildas Hemnani, fondatore della scuola Manju Sanskar Kendra, osserva che «in India cresce a vista d'occhio il numero dei divorzi, la colpa è delle ragazze moderne, oggi hanno un ego smisurato, pensano di dover dire la loro opinione su tutto». Per una giovane imprenditrice come Balwinder Hothi, 38 anni, il peso di queste consuetudini è semplicemente insopportabile: «Chiamiamolo come vogliamo, la verità è che ancora si cerca di soggiogare la donna. Questi riti di preparazione al matrimonio sono fatti per addestrarci a essere dei tappetini».

I detective nuziali in India

La passione degli indiani per l'oro non è più quella di una volta. La crisi economica costringe a qualche sacrificio: nel Paese che da anni è il primo importatore mondiale di oreficeria, soprattutto per le doti matrimoniali, le importazioni di metallo giallo sono lievemente calate negli ultimi mesi. Qualche risparmio viene fatto anche sui costi dei sontuosi banchetti di nozze, le tradizionali dieci portate di piatti lucullìani decorati con petali di rose (chi ha visto il delizioso film *Monsoon Wedding* sa di che si tratta). Ma c'è una voce di spesa che le future spose indiane non sono affatto disposte a tagliare. È il ricorso ad agenzie di investigazione per indagare sulla moralità dell'aspirante marito. Questo business non conosce recessione, anzi il boom dello spionaggio prenuziale sembra addirittura esaltato dalle difficoltà dell'economia. Le ragazze indiane, soprattutto se istruite e di buona famiglia, considerano queste indagini come un investimento, una polizza assicurativa. In una nazione celebre per l'istituto del matrimonio «combinato» – cioè deciso dai genitori – questo boom dei detective è il sintomo di profondi cambiamenti sociali e culturali. Anzitutto è venuta meno l'efficiente rete spionistica che un tempo lavorava gratis: le famiglie. Per accertare la moralità dei futuri sposi – eventuali relazioni sessuali prematrimoniali, eccessi nell'alcol o carattere violento – durante i secoli passati i giovani fidanzati potevano contare su un esercito di parenti, amici, vicini di casa felici di inquisire e spettegolare. Finché l'India era una società chiusa, con scarsa mobilità sociale e geografica, il controllo sociale sui comportamenti degli individui era invasivo e spietato. Ma oggi c'è una nuova generazione di indiani «nomadi» del progresso tecnologico. Giovani donne laureate in ingegneria informatica lavorano per una multinazionale di Bangalore, vivono a mille chilometri dai propri genitori, cercano un partner su Internet. Il candidato selezionato online è un illustre sconosciuto che magari vive a Hyderabad, anche lui lontano dalla famiglia. Allo stesso tempo in India il curioso intreccio tra modernità e tradizione ha mantenuto in vita l'istituto della dote, che la famiglia della sposa deve fornire obbligatoriamente. Anzi, per effetto dello sviluppo economico le doti sono diventate sempre più ricche. La conseguenza perversa di questo benessere è un crescente incentivo alla truffa. Eserciti di giovanotti indiani sono a caccia di ragazze ben fornite di dote, da abbindolare e poi abbandonare subito dopo il matrimonio. I più temibili imbroglioni si trovano nella comunità degli indiani emigrati in America: circuiscono una connazionale di buona famiglia che vive in India, rimpatriano per celebrare nozze sontuose, poi spariscono all'estero dopo aver messo al sicuro la dote della ragazza benestante su un conto bancario offshore. Si calcola che ogni anno 30.000 ragazze indiane vadano a ingrossare l'esercito delle «spose abbandonate». Anupam Mittal è il fondatore del più importante sito Internet specializzato in ricerche matrimoniali; l'anno scorso ha celebrato la milionesima coppia di sposi uniti grazie al suo servizio online. Lui stesso è il primo a mettere in guardia i propri clienti: «Questo Paese e la sua cultura stanno cambiando alla velocità della luce. Per una fascia della popolazione le radici tradizionali nel territorio degli avi sono state recise. I nostri clienti sono giovani istruiti che cambiano lavoro spesso, vivono lontani dalle famiglie, hanno una mentalità indipendente. Calato in questo contesto, l'istituto del matrimonio combinato si presta a equivoci, incidenti e inganni. Io raccomando il ricorso alle agenzie di investigazione prima di prendere la decisione fatale». Perfino il ministero degli Esteri incoraggia ufficialmente l'uso degli spioni prematrimoniali: infatti la sua rete di consolati all'estero è ingolfata dalle richieste di giovani spose abbandonate che cercano disperatamente notizie su mariti scomparsi in Inghilterra, a New York o in California. Ma nella nuova professione del detective nuziale c'è un tocco inconfondibile di indianità. La principale fonte di informazioni sui candidati sposi sono i domestici: anche i giovani che lavorano nelle multinazionali dell'informatica e passano pochissimo tempo in casa non rinunciano allo status symbol di un personale di servizio pletorico, e pettegolo. Non a caso la stragrande maggioranza dei detective sono donne: da sempre le più abili a creare complicità e carpire informazioni delicate.

Hemalayaa e l'aerobica tantrica

Nessun'altra potenza dell'economia globale sembra avere interpretato meglio dell'India il significato del «soft power». Questa nazione ha il dono di influenzarci senza spaventarci, di penetrare l'Occidente con un'invasione gentile e spesso irresistibile. Tempo fa, vagabondando in una sconfinata foresta della California settentrionale, presso le sorgenti naturali di Harbin mi sono imbattuto in un centro di meditazione yoga dove un gigantesco massaggiatore tedesco – che ha adottato un nome indiano dopo aver vissuto nel Kashmir – somministra massaggi tantrici. Nulla di sorprendente, in fondo, perché lo yoga è onnipresente fra noi da molti decenni. Ora un'altra «disciplina» indiana sta infiltrandosi in Occidente: la danza dei musical prodotti a Bollywood, il quartiere di Bombay che è la capitale del cinema indiano. A prima vista è una moda assai più difficile da esportare dello yoga. Le complesse coreografie dei musical di Bollywood piacciono molto nei Paesi emergenti (dall'Asia al mondo arabo fino all'America Latina). Invece non hanno ancora sfondato tra gli spettatori europei e nordamericani, che al sentimentalismo di quelle trame preferiscono il cinema indiano più intellettuale e impegnato (stile Mira Nair e Deepa Mehta). Ma proprio in California sul mercato della fitness è sbarcata una nuova star capace di travolgere le nostre resistenze culturali verso Bollywood. Lei si chiama Hemalayaa Behl, ha già sei DVD in testa alle classifiche di vendita americane. Il suo successo commerciale è un fenomeno che ricorda il boom dell'aerobica lanciato qualche decennio fa dalle videocassette di Jane Fonda. Le coreografie dei musical indiani – spiega Hemalayaa – sono una mescolanza eclettica di molti stili. La loro orgine è molto antica, probabilmente risale alle danze rituali delle devadasi, sacerdotesse d'alta casta braminica che praticavano una sorta di prostituzione sacra. «Agli elementi classici si sono aggiunte influenze jazz, e di quello hip hop indiano che noi chiamiamo bhangra: un movimento bellissimo e sensuale.» Il più venduto tra i DVD che Hemalayaa ha prodotto a Los Angeles si intitola *Dance of the Kama Sutra,* con un richiamo all'antico testo indiano che per secoli fu usato come manuale per l'esplorazione del piacere erotico. Hemalayaa rispetta l'ispirazione originaria del Kamasutra in tutta la sua complessità: «La sensualità di questa danza insegna anzitutto ad amare se stessi e il proprio corpo. Poi si può dedicare questa danza ad altri: un'amante, un amico o un'amica, perfino a Dio. Il senso del Kamasutra è il culto della sensualità, della sessualità e dell'amore. La danza aiuta a liberarsi dalla vergogna, dai sensi di colpa, contiene elementi di meditazione per scrutare il proprio cuore e scoprire i nostri desideri più profondi». Hemalayaa ha molto rispetto per le ballerine di Bollywood, di cui sottolinea la straordinaria disciplina, il rigore atletico e la professionalità. «Chi guarda i film seduto su un sofà non si rende conto della difficoltà dei movimenti. Dietro tutto quello sfarzo di costumi colorati e di gioielli c'è un tirocinio fatto di precisione estrema, quasi matematica. I nostri piedi battono sulla Madre Terra, e il ritmo deve essere perfetto. Il torso si muove separatamente mentre il resto del corpo resta immobile. Il bacino resta fermo, i piedi ballano, il petto si contorce, la testa gira, gli occhi seguono un loro movimento, e tutto obbedisce a una logica precisa, anche le espressioni facciali.» Lei viene da una scuola multidisciplinare. Oltre agli innumerevoli *asana*, le posture dello yoga, padroneggia arti marziali, funk, hip hop e la danza kuchipudi. Il suo successo probabilmente deve molto a quel richiamo al Kamasutra. Del resto in tempi antichi anche lo yoga tantrico attirò molti occidentali alla ricerca di esercizi naturali per risvegliare il desiderio erotico. Ma Hemalayaa non fa concessioni all'esibizionismo occidentale del sesso. I suoi DVD non sono per un pubblico di voyeur. Negli esercizi è vestita proprio come una ballerina di Bollywood: al massimo scopre le braccia e l'ombelico; le gonne o i pantaloni le arrivano fino al ginocchio. Della sua madrepatria indiana ha conservato intatto il senso del pudore. L'educazione alla sensualità del Kamasutra è un processo interiore, accompagnato dalla disciplina fisica e scandito dai ritmi gioiosi di una danza indiavolata. È un cocktail magico che può sedurre i cultori delle danze latinoamericane, dello yoga, del tai chi e del pilates. Dopo la conquista della California attraverso i suoi DVD, Hemalayaa è stata prenotata per una tournée mondiale di molti mesi, che dall'America l'ha portata fino all'Estremo Oriente.

Geopolitica dell'amore in Cina

«Ho dormito con 72 o 73 uomini, credo, orge incluse» ha dichiarato confidandosi con un giornale locale. A 27 anni, la signorina Xue Dandan di Shanghai è diventata un simbolo della nuova rivoluzione culturale cinese, quella che investe le relazioni tra i sessi nelle giovani generazioni. Manager di successo in una società che importa articoli di lusso made in France, Xue ammette di «usare i ragazzi come giocattoli» e descrive così la sua filosofia di vita: «Prima dei 25 anni il sesso è il 100 per cento; dopo i 25 anni è importante al 90 per cento. Quando sei giovane obbedisci al tuo corpo, è un fatto animale. Io ho avuto bisogno di provare molti uomini, come assaggiare tanti piatti al ristorante». Sono parole che fanno rabbrividire i cinesi dell'età dei suoi genitori, per non parlare dei nonni. I giovani la pensano diversamente. Sono loro che hanno sancito il successo scandaloso di un'altra star della libertà sessuale, l'ex giornalista Li Li, 28 anni, che sotto lo pseudonimo di Muzi Mei narra i suoi exploit erotici (oltre cento partner maschili) sul suo blog: quando ha registrato una sequenza di 25 minuti di gemiti durante un amplesso, 50.000 utenti hanno cercato simultaneamente di scaricare il podcast mandando in tilt il server di Internet. «Esprimo la mia libertà attraverso il sesso» è il «manifesto» ideologico di Li Li.

La geopolitica dell'amore in Cina è attraversata da sconvolgimenti profondi, non meno rapidi e tumultuosi della modernizzazione che ha investito l'economia. La morale ufficiale del Paese resta puritana, perfino sessuofoba. I censori di Stato continuano a impedire, per esempio, che le reti televisive mandino in onda film o telenovelas dove si evochi l'adulterio. L'ultimo film del celebre regista Zhang Yimou, un innocuo kolossal storico intitolato *La città proi bita*, ha fatto scalpore perché la bella protagonista Gong Li indossa un busto così stretto da mettere in evidenza il seno fiorente. Un giornale ha descritto mamme che coprivano gli occhi ai figli durante la proiezione, e sono uscite velate critiche al «lassismo» della censura. Nei giardini pubblici di Pechino gli anziani lanciano occhiatacce di disapprovazione, e talvolta qualche commento severo, quando i teenager si abbracciano teneramente sulle panchine o si scambiano baci in pubblico. La Cina non è passata invano attraverso trent'anni di maoismo, durante i quali la morale sessuale era repressiva, il matrimonio richiedeva il nulla osta della sezione di partito, e lo stesso grigiore dell'abbigliamento unisex sembrava pianificato per spegnere ogni fiamma di attrazione tra uomini e donne. Chi è stato educato in quell'epoca – quando il comune senso del pudore in Cina non era molto distante da quello di certi Paesi islamici di oggi – ha una cultura delle relazioni tra i sessi in cui lo stesso concetto di «amore» era evocato con turbamento. Mao aveva liberato le donne dalla tremenda inferiorità dell'epoca imperiale, quando nelle campagne il matrimonio era quasi un contratto di schiavitù (la moglie diventava la fedele serva del marito e dei suoceri). Il comunismo aveva sancito in linea di principio la parità tra i sessi, e attraverso l'accesso di massa al lavoro c'era stato un inizio di emancipazione economica della donna. Era nata però un'altra schiavitù, più sottile, con la rimozione della sessualità, il ripudio del desiderio, la condanna dei sentimenti come una forma di corruzione morale: «decadentismo borghese».

La frattura generazionale emerge con prepotenza da una recente ricerca condotta su un campione di 2300 studentesse liceali di Pechino. La stragrande maggioranza è favorevole ad avere rapporti sessuali subito con il proprio partner, e l'età media del primo rapporto è 15 anni. Una delle conseguenze è che sul milione e mezzo di aborti praticato in Cina ogni anno un quarto coinvolge ragazze ancora minorenni. Un'altra faccia della rivoluzione sessuale emerge da un'inchiesta compiuta a Hong Kong, punta avanzata dell'emancipazione femminile per via del più alto tenore di vita: un boom del 39 per cento nel numero delle donne single nel corso degli ultimi 15 anni. Il dato coincide con una generazione di donne che ha sempre più successo nel mondo del lavoro, rimette in discussione le gerarchie di coppia tradizionali, crea insicurezza tra i maschi e di conseguenza fa più fatica a trovare il partner «giusto». L'amore disegna una Cina a più velocità: a fianco della spaccatura generazionale c'è un'altra frattura tra «la metà del cielo» più emancipata e un mondo maschile ancora nostalgico della vecchia divisione dei ruoli. Nel crollo delle vecchie certezze affiorano molti segnali di crisi. Il tasso dei divorzi è triplicato nell'arco di 25 anni, il business della prostituzione è tornato a fiorire (le stime ufficiali parlano di 4 milioni di prostitute, il dato reale è molto superiore). Ai vertici della nomenklatura, intanto, riaffiorano nostalgie degne della Cina imperiale: gli scandali più recenti di corruzione sono stati accompagnati dall'imbarazzata allusione a «comportamenti decadenti», l'espressione in codice con cui il regime stigmatizza quei boss di partito (silurati) che con le tangenti mantengono harem di giovani concubine.

In questo sisma morale l'istituto del matrimonio tenta di salvarsi chiamando in soccorso i costumi più antichi. La signora Liu Xiang, 42 anni, è diventata una figura popolare nei talk show televisivi grazie alla sua attività di «agente matrimoniale», una versione moderna del mestiere che per secoli fu esercitato dalle nonne, dalle vecchie zie, dalle decane più rispettate del quartiere o del villaggio. Chi non riesce a ritrovarsi nella nuova geopolitica dell'amore si rifugia in una concezione utilitaristica del matrimonio: un contratto di servizio, un'alleanza da negoziare oculatamente con l'aiuto delle famiglie e la saggezza pragmatica degli anziani. L'amore, l'intesa sessuale, verranno in seguito, o si cercheranno altrove.

Mata Hari in India

Nei corridoi del potere a New Delhi la chiamano «trappola di miele», un nome davvero squisito. I dirigenti indiani quando usano questo termine scuotono la testa sconsolati, come se stessero parlando di un flagello implacabile contro il quale non c'è rimedio. È in gioco, è il caso di dirlo, l'amor proprio nazionale. L'India è diventata a tutti gli effetti una grande potenza. Nell'economia globale ha la statura di un colosso, avviato a sorpassare il PIL dell'Unione europea in pochi decenni. Ha un vasto apparato di ricerca scientifica, capace di mettere a punto lanci nello spazio, innovazioni biogenetiche, brevetti informatici. Le forze armate dispongono della bomba nucleare, e per numero di soldati sono il secondo esercito più vasto del pianeta. L'India ha dei vicini inquietanti, dal Pakistan alla Cina, dotati anch'essi di armi atomiche. Con ambedue gli Stati confinanti non ha risolto antichi contenziosi sulle frontiere. Nel Kashmir imperversa la guerriglia; altrove ci sono stati attentati terroristici firmati dal fondamentalismo islamico; sopravvivono anche focolai di rivoltosi maoisti. Gli Stati Uniti corteggiano il governo di New Delhi per attirarlo nella loro sfera di alleanze. Insomma, l'India è una grande nazione con interessi importanti da difendere, deve gestire complesse strategie su scala mondiale. Ma il suo apparato di intelligence è falcidiato da questo problema ricorrente. È la causa di un'ecatombe: costringe a periodiche epurazioni, che privano i servizi segreti di talenti preziosi. In tempi più recenti la trappola di miele ha colpito soprattutto in Cina. Uno degli ultimi a cascarci è stato Manmohan Sharma. Un giovane brillante, da anni alla testa del Research and Analysis Wing (RAW) presso l'ambasciata indiana a Pechino. Sotto la sigla RAW si nasconde il controspionaggio indiano, i cui uffici all'estero sono spesso mimetizzati dietro il paravento delle ambasciate. Sharma si è innamorato della sua insegnante di mandarino, che naturalmente era un'agente dei servizi di Pechino. Mentre lei gli insegnava a padroneggiare gli ideogrammi e le tonalità del mandarino, lui le passava informazioni su dossier top secret. I suoi superiori lo hanno scoperto e non sono stati troppo duri. Lo hanno richiamato in patria e trasferito a un innocuo impiego civile. Sembra la rassegnazione di chi non riesce più a stupirsi. Negli ultimi anni una miriade di diplomatici e agenti segreti indiani hanno fatto la stessa fine, innamorandosi di donne cinesi che non erano interessate solo ai loro begli occhi tenebrosi. Nell'ottobre del 2007 era toccato a Ravi Nair, capo dell'ufficio RAW di Colombo (Sri Lanka), colto anche lui, durante il precedente incarico a Hong Kong, tra le braccia di una Mata Hari cinese. Nel 2000 a Pechino un altro diplomatico perse la testa per la sua professoressa di lingue. Anche per lui la sanzione fu clemente: rimpatriato e trasferito a un incarico universitario. Ma non sono solo le cinesi a fare stragi tra gli agenti segreti indiani. Ci sono riuscite anche le pakistane. Celebre fu il caso dell'addetto navale indiano presso l'ambasciata a Islamabad negli anni Novanta, che perdeva ogni senso della riservatezza in occasione degli incontri con un'infermiera (militare) al servizio del nemico. Un'americana, anche lei non del tutto disinteressata, fu capace di sedurre un alto dirigente federale dell'Intelligence Bureau di New Delhi. Il caso più scabroso ebbe per protagonista un certo Unnikrishnan. Lui ricopriva un incarico delicato nel sostenere clandestinamente le azioni delle Tigri Tamil, il movimento che si batte per la creazione di uno Stato indipendente dallo Sri Lanka. Crollò di fronte al fascino di una di quelle tigri. L'incantevole belva però faceva il doppio gioco, passava notizie al governo dello Sri Lanka che affondava i battelli di combattimento forniti dagli indiani. Benché sia in gioco la sicurezza del Paese, i giornali indiani pubblicano le periodiche rivelazioni con molta ironia. Come i monsoni, le vacche sacre e i musical di Bollywood, le spie innamorate sembrano far parte del carattere nazionale. L'indulgenza con cui il governo sanziona i traditori ha un nobile antecedente. Jawaharlal Nehru, il padre dell'indipendenza indiana e il primo capo di governo della nuova Repubblica nel 1947, fu anche il primo a dover risolvere il caso di un alto diplomatico caduto nella trappola di miele. Lei era russa. Nehru fu magnanimo, accolse la notizia con una risata, convocò l'ambasciatore e gli disse di stare attento in futuro. Nehru non se la sentiva di infierire: tutta la nazione era al corrente della sua relazione con la moglie di Lord Mountbatten, l'ultimo viceré dell'India.

Divorzio alla cinese

Come si è detto, nella Cina maoista imperava una morale sessuale molto rigida, per la quale le effusioni in pubblico equivalevano ad atti osceni ed erano sanzionate severamente: in un certo senso, l'autorità comunista aveva sostituito quello che nella tradizione confuciana era il ruolo dei genitori e dei nonni. Con la modernità, il capitalismo e lo sviluppo economico, il rilassamento dei costumi è stato prorompente. Restano consuetudini contadine per cui il parere dei genitori ha un certo peso nei matrimoni, ma sostanzialmente i giovani sposano chi vogliono e quando vogliono. Ai matrimoni facili corrisponde, come in tutto il mondo, anche un'ondata di divorzi. Ai tempi del comunismo duro e puro il divorzio – pur essendo legale – era molto raro e veniva autorizzato per gravi motivi, sempre con il nulla osta della sezione di partito. Dagli anni Settanta i divorzi hanno cominciato ad aumentare. Con una riforma del 2003 la procedura è diventata molto facile, e da allora è un vero e proprio boom di separazioni legali. Tra il 1985 e il 1995 la percentuale delle unioni finite in divorzio è raddoppiata; dal 1995 a oggi è triplicata. Oggi si celebrano 8,3 milioni di matrimoni in un anno, e al tempo stesso 1,9 milioni di divorzi. La crescita delle separazioni è ormai del 7 per cento all'anno.

Fin qui, nulla di nuovo sotto il sole. In questo campo come in tanti altri la Cina si sta modernizzando, un termine che spesso significa diventare più omogenea alle società occidentali. Nonostante il peso della tradizione confuciana – che impone il rispetto degli anziani e la centralità della famiglia – tra le giovani generazioni i valori cambiano, e la solidità del matrimonio non è più quella di una volta.

Ma le apparenze talvolta ingannano. Il boom dei divorzi in Cina è una realtà innegabile, e tuttavia scavando sotto la superficie si incontrano delle sorprese. C'è divorzio e divorzio. Una parte delle separazioni cinesi sono ben diverse da quelle che si verificano in Occidente. Per dirla tutta, anche in questo campo i cinesi sono maestri nell'arte della contraffazione. A Pechino e Shanghai oltre ai DVD pirata, ai falsi Rolex e alle imitazioni di Gucci hanno inventato il divorzio finto, taroccato. Il fenomeno non è un'invenzione malevola dei media occidentali. Anzi, è la stampa cinese ad aver scoperto numerosi casi di falsi divorzi. Il «Quotidiano Legale» di Pechino, per esempio, ha voluto indagare da vicino il caso di un minuscolo villaggio nella provincia del Sichuan, dove ben 86 coppie hanno presentato richiesta di separazione legale a soli tre mesi dal matrimonio. Una volta ottenuto il divorzio in tribunale, venticinque giorni dopo le stesse persone erano di nuovo in Comune per sposarsi. Il fenomeno era chiaramente sospetto. I reporter del giornale giudiziario, intervistando gli interessati e indagando sulla situazione del loro villaggio, hanno scoperto facilmente la spiegazione. Come accade in tante zone rurali, anche quel villaggio era stato colpito da un ordine di esproprio. Le autorità – spesso corrotte e colluse con interessi economici potenti – avevano assegnato le terre agricole a progetti industriali. I contadini avrebbero ricevuto un (magro) indennizzo. Ma il risarcimento per l'esproprio è una somma fissa per ogni nucleo familiare. Una coppia di sposi riceve la stessa somma di un single. Ecco quindi l'incentivo irresistibile a divorziare: due individui separati incassano l'indennità doppia. Una volta percepito il versamento, i divorziati si sono naturalmente risposati d'amore e d'accordo. Le autorità municipali hanno capito l'inganno, ma in base alla legge non potevano farci nulla. L'astuzia contadina qualche volta prevale sull'arroganza della nomenklatura. Quel che è accaduto nel villaggio del Sichuan non è affatto un caso isolato. Perfino nel modernissimo quartiere di Pudong, la Manhattan di Shanghai, nel luglio del 2008 decine di coppie si sono comportate esattamente allo stesso modo. Hanno ricevuto un'ingiunzione di sfratto per la demolizione delle loro case. Le autorità municipali hanno promesso agli sfrattati appartamenti moderni in nuovi caseggiati popolari: un appartamento per ogni nucleo familiare, ovviamente. Divorziando, mariti e mogli shanghainesi hanno potuto fare domanda per due appartamenti a coppia, anziché uno. Migliaia di divorzi simili sono avvenuti a Chongqing, gigantesca metropoli sul fiume Yangtze. A Pechino si segnalano centinaia di casi di anziani coniugi «divorziati» che vivono in perfetta armonia sotto lo stesso tetto. Hanno semplicemente scoperto che lo status di single dà diritto a pensioni, assegni di invalidità e sussidi alimentari più generosi. Sempre a Pechino, c'è chi ha scoperto il divorzio come antidoto alla disoccupazione. Esistono vecchie fabbriche di Stato, ormai decotte e in via di smantellamento, che devono procedere a licenziamenti collettivi. Per evitare tensioni sociali la riduzione della manodopera si accompagna con programmi di reinserimento nel mercato del lavoro. Ma per ridurre i costi di queste operazioni, quando marito e moglie lavorano nella stessa impresa, lo Stato garantisce che troverà un solo posto di lavoro sostitutivo per ogni coppia licenziata. Conviene quindi divorziare e risultare single all'anagrafe, per aver diritto a un nuovo posto ciascuno. Come la contraffazione, anche l'inventiva e l'arte di arrangiarsi in Cina non conoscono limiti.

Maschio bianco e «foreign babe»

Vivendo in Cina si impara che non siamo solo noi ad avere pregiudizi etnici. Loro ce li restituiscono generosamente. Il rapporto uomo-donna è una miniera di stereotipi e il maschio bianco è un bersaglio facile: fa di tutto per somigliare alla propria caricatura, cominciando dalla fama di predatore sessuale. Una fiorente industria di ragazze cinesi campa su questo, con obiettivi di guadagno sul breve o sul lungo termine (la prospettiva di una Green Card americana può valere il matrimonio con il manager di mezza età grassottello, stempiato e noioso). Ma qual è l'immagine della donna bianca in Cina? Emily Parker, a lungo corrispondente del «Wall Street Journal» a Pechino, confessa di essere sempre stata «oggetto di curiosità». Esplicite o sottintese le domande che si sentiva aleggiare intorno erano: «Ma chi te lo ha fatto fare di venire? Qui sei infelice, o davvero ti piacciono gli uomini asiatici?». Un'esperienza estrema è quella che Rachel DeWoskin racconta nel suo *Foreign Babes in Beijing* (2005). Figlia di un sinologo americano, fresca di laurea alla Columbia, nel 1994 l'allora ventiduenne DeWoskin arrivò a Pechino che sapeva già parlare mandarino. Dopo qualche lavoro nelle relazioni pubbliche venne catapultata improvvisamente nel ruolo di star televisiva nazionale. Con sua grande sorpresa, non avendo nessuna esperienza di recitazione: ma è alta, bella, occhi azzurri e per il produttore cinese questo valeva più dell'Actors' Studio. In una telenovela intitolata appunto *Bambole straniere a Pechino* lei interpretava la parte della studentessa americana Jiexi, una *disanzhe* (amante), una rubamariti che seduce un giovanotto sposato. Ruolo imbarazzante, perché rafforzava davanti a 600 milioni di telespettatori i pregiudizi cinesi sulle «bianche»: spregiudicate, infedeli, sessualmente scatenate. Ancora più imbarazzante per Rachel fu scoprire quanto il pubblico la prendesse sul serio, identificandola con il personaggio. I giornalisti le rivolgevano regolarmente la stessa domanda: è vero che quella di Jiexi è la vita tipica di voi straniere qui in Cina? La sua risposta sarcastica – «Ma certo, siamo diavolesse tentatrici, la rovina delle vostre famiglie» – finiva stampata sui giornali senza che ne fosse colta l'ironia. Quando i suoi colleghi la definivano *kaifang* lei all'inizio pensava a un complimento: letteralmente vuol dire persona aperta, di larghe vedute. Ma riferito a una ragazza, tanto più se americana, significa una che va a letto con tutti. Un altro termine con cui a Pechino si definiscono le fidanzate occidentali dei cinesi – *shuaitang*, cioè caramelle colorate – sembra affettuoso, in realtà è orrendamente maschilista. Il libro della DeWoskin è esilarante anche per gli equivoci «culturali»: dalla sua dieta vegetariana, per esempio, i colleghi deducevano che fosse cresciuta in una famiglia troppo povera per comprare la carne.

Un'indagine nel mio entourage pechinese sfocia su conclusioni identiche. I miei amici cinesi sono persuasi che i nostri costumi sessuali siano quelli di *Sex and the City*. Questo provoca, a seconda delle generazioni, un ventaglio di reazioni che va dalla riprovazione all'invidia, all'emulazione. Convivono spesso pregiudizi di segno opposto. I maschi occidentali sono maniaci sessuali e anche gentlemen, romantici e cortesi con le signore (a differenza dei mariti locali). Noi bianchi siamo tutti razzisti, col complesso di superiorità verso gli asiatici, e in realtà meno intelligenti: per imparare le nostre lingue usiamo solo un emisfero del cervello, mentre per il mandarino si usano tutti e due. Siamo ossessionati dalla pulizia ma ci spruzziamo deodoranti e mastichiamo chewing-gum per nascondere i nostri cattivi odori. A tavola non succhiamo rumorosamente spaghetti e minestra, ma da veri cafoni non offriamo il nostro piatto al vicino. I nostri figli – i teenager bianchi maleducati, pigri e indisciplinati – sono l'unico stereotipo che mette d'accordo Oriente e Occidente.

L'Occidente che ha paura dello yoga

Uno dei sintomi più vistosi dell'influenza culturale dell'India nel resto del mondo è la diffusione dello yoga. Forse il primo «persuasore occulto» che inculcò in Occidente il fascino dello yoga fu Hermann Hesse. Nel suo romanzo *Siddharta* ci sono descrizioni di esercizi di meditazione che hanno impressionato generazioni di lettori europei e americani: soprattutto i giovani hippy della West Coast che affluivano a San Francisco nell'«estate dell'amore» del 1967. I Beatles andarono addirittura in un *ashram* in India, e il viaggio iniziatico sulle rive del Gange divenne un fenomeno di massa. In seguito lo yoga ha dimostrato di saper resistere alle fluttuazioni delle mode. L'epoca hippy è tramontata da un pezzo; ciononostante ha messo radici sempre più profonde la disciplina indiana che aiuta a regolare la respirazione, a conoscere i ritmi del proprio corpo, a curare la flessibilità di ogni articolazione. Di recente lo yoga ha conquistato perfino la Cina che pure ha diverse discipline concorrenti e molto antiche, a cominciare dal tai chi. Ormai i giovani professionisti di successo a Pechino e Shanghai sono disposti a pagare caro un bravo maestro indiano di yoga. Una delle attrattive di questa disciplina è il suo carattere «dolce» e la sua adattabilità. Lo si può scoprire da giovani o da anziani, esplorarne le dimensioni più totali o praticarlo con moderazione. Non si presta a usi impropri e pericolosi come certe arti marziali cinesi, coreane e giapponesi. Non implica l'adesione a una fede: si può benissimo fare yoga senza simpatizzare per la religione induista, che del resto non ha tendenza al proselitismo. Anche in questo singolare prodotto di esportazione, l'India conferma la sua immagine di potenza mite, capace di una seduzione tollerante, inclusiva.

Eppure c'è chi ha paura dello yoga. Nonostante il suo volto amabile e rassicurante, o forse proprio per questo, è stato percepito come un pericoloso «cavallo di Troia» per insidiare altre fedi, altre certezze. La reporter Lisa Miller del magazine americano «Newsweek» andando a scavare negli archivi del Vaticano ha scoperto un documento significativo. Nel 1989 l'allora cardinale Ratzinger scrisse che certi esercizi spirituali, compreso lo yoga, «possono degenerare in un culto del corpo». Le sensazioni piacevoli che si ricavano dallo yoga, sosteneva l'attuale papa, non vanno confuse con la vera «salute spirituale». Dietro quella condanna c'era probabilmente il timore che con lo yoga si diffondessero anche credenze tipiche della New Age, come l'astrologia o la reincarnazione. Un rigetto analogo c'è stato negli ambienti del fondamentalismo protestante: i «cristiani rinati», chiese molto radicate nel profondo Sud degli Stati Uniti, e a cui appartiene George W. Bush. Secondo loro è impossibile scindere lo yoga dall'induismo, religione politeista e quindi dedita all'«idolatria», un sistema di credenze con cui non ammettono compromessi. Lo stesso fenomeno di repulsione verso lo yoga c'è stato tra gli ebrei ortodossi. A scatenare le loro ire è stata l'irresistibile penetrazione dello yoga negli ambienti degli ebrei americani. Il successo è stato tale che ne è nato un filone editoriale, con il libro di Rodger Kamenetz, *L'ebreo nel loto*. Sottotitolo originale: *Un poeta riscopre l'identità ebraica nell'India buddhista*. (Non è un errore l'associazione col buddhismo. In effetti l'India è stata la culla di varie religioni, tra cui le più importanti sono l'induismo e il buddhismo. Anche se poi il buddhismo è «trasmigrato» più a Oriente conquistando la Cina, la penisola indocinese, la Corea e il Giappone, è rimasta sempre aperta la possibilità di un'attrazione dei buddhisti verso lo yoga.) Si è coniato perfino un neologismo, JewBus, per indicare gli ebrei americani attratti dal buddhismo attraverso la scoperta dello yoga. Alcuni autorevoli rabbini si sono allarmati proprio come Ratzinger. Ora, per evitare tensioni e scomuniche, in America è nato un nuovo filone: lo «yoga cristiano». Una delle pioniere è Janine Turner con il DVD intitolato *Christoga*. La Turner spiega che il suo obiettivo è «riempire il corpo con lo yoga, riempire l'anima con Cristo». In Alabama una chiesa metodista offre ai suoi fedeli corsi regolari di «Yoga for Christians»: gli esercizi fisici restano quelli prescritti dalla tradizione indiana, i canti in sanscrito invece vengono sostituiti dalla recitazione di brani della Bibbia. Un'altra istruttrice, Laurette Willis, è arrivata al punto di ribattezzare le posizioni e i movimenti yoga con termini che evocano la religione cristiana, per esempio la Posizione dell'Angelo. Le vie dell'India sono davvero infinite.

Il santo degli intoccabili

Si chiamava Murlidhar Devidas Amte, «Baba» per gli amici. Era nato in una famiglia di bramini, l'aristocrazia nel sistema delle caste, a Hinganghat, nello Stato indiano del Maharashtra. Aveva avuto un'infanzia ovattata, era cresciuto fra i club di tennis e di bridge, in quell'India coloniale dove l'élite locale scimmiottava i gusti e i lussi degli inglesi. Avrebbe potuto crescere negli agi e nel potere, come un latifondista ricco e colto, naturalmente destinato a essere cooptato nella classe dirigente nazionale dopo l'indipendenza. Aveva studiato diritto ed era avviato a una brillante carriera di principe del foro, una tipica professione dell'establishment. Negli anni Quaranta l'incontro con Gandhi – avvocato anche lui – cambiò la sua vita. Dopo un periodo di formazione nell'*ashram* del Mahatma, si specializzò nella difesa in tribunale dei poveri e degli oppressi. Volle provare di persona il lavoro «maledetto» degli intoccabili, la casta più bassa e impura: svuotare e ripulire le latrine pubbliche. Trovò una moglie che condivideva i suoi ideali, una donna di origini braminiche che aiutava le sue serve a fare le pulizie di casa. Dopo Gandhi l'altro incontro decisivo della sua vita fu con un lebbroso semimoribondo in una discarica di escrementi. Da quel momento la sua vita fu dedicata a loro, i più reietti fra i diseredati. Nel 1951 Baba creò un *ashram* nei pressi di Warora per accogliere lebbrosi, handicappati, infermi affetti da malattie orrende e rifiutati dalla società. L'*ashram* si chiamò Anandwan, «boschetto di gioia». La sua missione: riscattare i lebbrosi non attraverso la carità ma insegnandogli un lavoro, una vocazione attraverso cui conquistare la dignità umana e il rispetto degli altri. I lebbrosi educati nel suo *ashram* coltivavano la terra, raccoglievano miglio, grano e frutta. Poi divennero a loro volta dei maestri: insegnavano ai ciechi, ai sordomuti. Attorno ad Anandwan crebbe una cittadella con un campus universitario, ospedali, laboratori artigianali, un'orchestra diretta da un poliomielitico. All'inizio la gente di Warora stava alla larga da quel centro. Nella religione induista il contatto con gli intoccabili genera impurità. Secondo l'antica credenza i malati, i disgraziati, si sono reincarnati così per espiare peccati commessi in un'esistenza precedente. Non meritano compassione né aiuto perché nella loro condizione c'è il marchio di una volontà divina. Ma ci sono tante interpretazioni dell'induismo quanti i peli sulla schiena di un bufalo d'acqua; Gandhi era profondamente induista, l'uomo più religioso del mondo, e predicava l'amore per gli intoccabili che aveva ribattezzato *harijans*, «i bambini di Dio». A poco a poco la tenacia di Baba ebbe ragione dei pregiudizi dei suoi concittadini. Da Warora la gente cominciò a frequentare l'*ashram* di Anandwan, perfino a comprare la verdura e il latte prodotti dai lebbrosi, superando il timore del contagio. Cinquantenne, Baba fu colpito a sua volta da un'infermità grave alla spina dorsale. Quando i dolori erano più acuti era costretto su una sedia a rotelle o immobilizzato a letto. Eppure trovò l'energia per una nuova battaglia: in difesa dell'ambiente. Il destino dei fiumi soprattutto gli stava a cuore. Fece costruire un altro *ashram* sulle rive del fiume Narmada e si trasferì a vivere lì. Voleva difenderlo dai progetti di costruzione di grandi dighe che ne avrebbero segnato la morte. Proponeva un'alternativa «verde», un sistema di microdighe più rispettoso del corso naturale delle acque. La difesa del suo fiume prediletto si allargava alla sorte delle popolazioni tribali che vivono lungo le sue rive: una minoranza minacciata dalla modernizzazione, ancora più debole delle caste inferiori (perché le etnie tribali spesso non sono neppure di religione induista ma conservano culti animisti preariani). Fedele all'insegnamento di Gandhi, fino all'ultimo ha sognato un modello di sviluppo sostenibile, che conservi una funzione all'economia del villaggio, all'agricoltura diffusa, alle attività artigianali tradizionali. Come il suo maestro Mahatma, ha offerto a chi lo conosceva un volto incantevole dell'India, ricco di un amore infinito verso le creature più miserevoli, capace di sprigionare un'energia misteriosa nel baratro della sofferenza. È morto all'età di 93 anni. Murlidhar Devidas Amte, l'allievo di Gandhi, ha stupito e sconcertato l'India anche per un'altra ragione. È rimasto ateo, convinto e dichiarato, fino alla fine.

Il dottor Schweitzer della Cambogia

Il turista ancora stordito di meraviglia dopo una visita ai templi di Angkor Vat, quando rientra in albergo nella vicina città di Siem Reap è accolto da un grande manifesto: «Beatocello in concert». Ogni sabato sera alle sette e un quarto, la pubblicità invita a un concerto gratuito di violoncello. Il solista, che è la star della serata, è un signore di mezza età, corpulento e occhialuto, con una corona di riccioli rossi assediata dalla calvizie, e sfoggia un gran sorriso gioviale. Il suo repertorio è un curioso misto di musica classica e canzoni. Ma è quando finisce la musica che comincia il vero spettacolo. In un inglese dall'accento germanico il violoncellista si lancia con foga a raccontare il suo mestiere più importante: pediatra militante, fondatore di ospedali gratuiti per i bambini cambogiani, nemico giurato del Big Business farmaceutico e delle organizzazioni sovranazionali che governano la politica mondiale della sanità.

Il professor Beat Richner, in arte Beatocello, per una folta schiera di ammiratori è un dottor Schweitzer del XXI secolo. In effetti il personaggio ha qualcosa in comune con il celebre «medico dei poveri» francese che dedicò la sua vita a combattere le malattie in Africa. Genio multiforme, Albert Schweitzer (1875-1965) fu un pianista e organista stimato per le interpretazioni di Bach, ma è stato il suo ospedale-lebbrosario di Lambaréné nel Gabon a valergli il premio Nobel per la pace. Beato Richner non raggiunge la maestria musicale di Schweitzer ma da giovane nella natia Svizzera aveva creato un personaggio di successo, il suo violoncellista-clown Beatocello riempiva le sale dei concerti. Oggi per lui la musica è soprattutto il pretesto per agganciare i visitatori stranieri e coinvolgerli nel sostegno agli ospedali. Dopo ogni esecuzione lancia un invito alla sala: «I giovani saccopelisti possono donare sangue, i vecchi benestanti possono dare soldi, e chi sta a metà strada può fare tutt'e due le cose». Poi passa a raccontare la sua storia e ne approfitta per regolare i conti con le multinazionali, l'OMS, l'UNICEF e qualche ONG specializzata nel «mercato della carità».

Nato a Zurigo nel 1947, Richner ha appena ottenuto la specializzazione in pediatria quando accetta di lasciare la Svizzera per lavorare all'ospedale Kantha Bopha di Phnom Penh nel 1974. L'anno dopo i khmer rossi prendono il potere e la Cambogia entra in un lungo tunnel di terrore e di stragi; la missione di Richner si conclude anzitempo con il ritorno forzato a casa. Nel 1991, in un Paese ancora prostrato dal genocidio di Pol Pot, il governo cambogiano propone a Richner di ricostruire l'ospedale per bambini in cui aveva lavorato. Lui accetta alle sue condizioni: creando una fondazione in Svizzera per raccogliere fondi si assicura il controllo economico dell'operazione, perché è deciso a impedire ogni interferenza della politica locale. La situazione che trova è disperata. «Sulla Cambogia» ricorda «gli americani avevano lanciato 550.000 tonnellate di bombe, una forza distruttiva 25 volte superiore all'atomica di Hiroshima. La sanità era lo specchio di quel disastro. Ancora oggi la mortalità infantile è altissima, il 12 per cento. La speranza di vita media è di soli 57 anni, in conseguenza di uno stato catastrofico delle cure mediche. La tubercolosi avanza anziché regredire, propagata dai giovani ventenni e trentenni affetti dall'AIDS che trasmettono le deficienze immunitarie. La tubercolosi ha conseguenze terribili: tumori cerebrali, ascessi che provocano la paralisi, la cecità, anni di dolori spaventosi. Vedo centinaia di bambini con la colonna vertebrale divorata, paraplegici con la spina dorsale spezzata.»

Attraverso i concerti per la raccolta di fondi e il talento con cui comunica la sua passione, Beatocello ha costruito una realtà nuova: cinque ospedali per bambini di cui quattro denominati Kantha Bopha nella capitale Phnom Penh e l'ultimissimo Jayavarman a Siem Reap. Visitarli è un'esperienza più serena di quel che si potrebbe temere. Centinaia di mamme coi bambini aspettano pazientemente, in fila sui marciapiedi esterni, prima di essere ammesse ai reparti delle analisi e dei ricoveri. Dentro le mura degli ospedali c'è uno spettacolo per noi esotico, un esercito di donne occupa i pavimenti delle sale d'aspetto dopo aver steso tappetini colorati per accovacciarsi. I lattanti succhiano al seno delle giovani madri. I bambini malati hanno aghi nelle braccia per le flebo; le bottigliette di vetro con le soluzioni medicinali spesso vengono trasportate nei lunghi viaggi dalle campagne con un accorgimento rudimentale: sono legate a un ramoscello d'albero che la mamma stringe forte, sorvegliando che il flusso coli dall'alto in basso verso il braccio del figlio. L'atmosfera è tranquilla. I controlli severi scoraggiano la piccola corruzione che regna negli altri ospedali

– dove una mancia è indispensabile per saltare le liste d'attesa – e l'assenza di quella competizione sleale rasserena le famiglie. I bambini non vengono mai separati dalle mamme per evitare scene strazianti di pianti e paure. La qualità delle cure ha fatto di questi ospedali un mito in tutta la Cambogia. Nel 2008 sono stati ricoverati più di 80.000 bambini, altri 670.000 hanno ricevuto cure ambulatoriali, 400.000 sono stati vaccinati negli istituti di Beatocello. Sempre gratis. Si stima che i cinque centri gestiti dalla fondazione Kantha Bopha salvino la vita a più di 3000 bambini ogni mese. È il risultato di cure di «prima classe», perché Richner non fa mancare ai suoi ospedali nessuna apparecchiatura, nessuna delle tecnologie più moderne e costose che la medicina ha a disposizione in Occidente.

Paradossalmente è proprio il perfezionismo il tallone d'Achille del pediatra svizzero. I suoi avversari – e ne ha tanti – lo denunciano come un errore imperdonabile. Un esponente del governo svizzero cui si era rivolto per avere dei finanziamenti rispose che gli esperti lo avrebbero criticato perché quei soldi servivano a comprare un computer per la tomografia assiale: «Un apparecchio troppo sofisticato per un Paese povero e sottosviluppato come la Cambogia». Altri più brutalmente hanno definito i suoi ospedali «delle Rolls Royce in mezzo alla giungla». Di fronte a queste accuse Richner si scatena. «È neocolonialismo puro» ribatte. «Questo atteggiamento è la ragione principale della débâcle sanitaria nel Terzo Mondo. Sono forme di discriminazione, e in questo campo la discriminazione uccide.» Il bersaglio privilegiato delle sue polemiche è l'OMS, potente filiale delle Nazioni Unite che dal quartier generale di Ginevra decide le grandi strategie internazionali nel campo della salute, detta regole per combattere le epidemie, distribuisce fondi alle nazioni più sfavorite. Per definire la filosofia che guida l'OMS il pediatra svizzero ha coniato uno slogan feroce: «Alla povera gente nei Paesi poveri diamo una medicina povera». Beatocello non ammette che la qualità delle cure mediche venga dosata a seconda della ricchezza delle nazioni: accontentarsi di cure di serie B secondo lui vuol dire rinunciare a salvare migliaia di vite ogni giorno. Ha deciso di portare la sua battaglia fino alle estreme conseguenze. Ha citato in giudizio l'OMS presso la Corte internazionale di giustizia dell'Aia per crimini contro l'umanità e per violazione della convenzione internazionale sui diritti del bambino. Nella lunga requisitoria presentata ai giudici dell'Aia, Richner spiega che gli ospedali che seguono le direttive OMS per tagliare le spese «in Cambogia hanno contaminato i bambini con trasfusioni di sangue infetto, provocando l'AIDS e l'epatite: un delitto che uccide bambini ogni giorno». L'unico rimedio è il test obbligatorio sul sangue dei donatori che viene compiuto negli ospedali di Richner. Costa 50 dollari per ogni bottiglia di sangue, cioè una fortuna in base agli standard cambogiani. Ma l'alternativa è moralmente accettabile? Un'altra controversia riguarda l'uso del cloramfenicolo, un antibiotico che nei Paesi ricchi è stato abbandonato per i suoi pericolosi effetti collaterali, ma che nel Terzo Mondo viene consigliato dalla stessa OMS come alternativa ad antibiotici più costosi. «Gli europei non lo vogliono neppure nel mangime dei polli» denuncia Richner. A suo parere la politica farmaceutica seguita dall'OMS e dall'UNICEF, e tollerata in Cambogia perfino da celebri ONG come Medici senza frontiere, «è una catastrofe per i bambini». Quelle stesse organizzazioni che predicano una medicina al risparmio per i poveri, poi alimentano il «costoso circo degli esperti internazionali». Di quegli esperti occidentali Beatocello ne ha visti passare tanti dalla Cambogia: soldi buttati nei voli intercontinentali in prima classe, hotel a cinque stelle, scorte di interpreti e limousine con autista, per produrre inutili rapporti d'inchiesta «su problemi locali che i medici cambogiani conoscono meglio, pur essendo pagati molto meno». Richner, peraltro, intende retribuire in maniera decente il personale sanitario cambogiano. Il salario degli ospedali di Stato, 20 dollari al mese, è così misero che rende inevitabile la corruzione, la vendita di favori e di privilegi. Una delle regole negli ospedali della fondazione Kantha Bopha è pagare stipendi molto più alti della media. Anche questo fa salire i costi, ma è minore l'incentivo a estorcere tangenti ai pazienti.

Gli ospedali diretti da Richner sembrano un'oasi in mezzo a un paesaggio disseminato di tragedie. Nel 2007 la Cambogia è stata colpita da una nuova emergenza: dall'inizio dell'anno più di 73.000 bambini sono stati ricoverati dopo essere stati colpiti dalla febbre dengue, un'infezione tropicale trasmessa dalle zanzare, simile alla malaria e altrettanto mortale. Il professore svizzero ha comprato pagine di pubblicità sui giornali locali per denunciare ciò che vede nei suoi ospedali: «Centottantuno bambini sono morti dopo essere arrivati nei nostri reparti in condizioni ormai disperate. Il 95 per cento delle vittime sono morte per insufficienza renale o perché il fegato non ce la faceva più. In quei casi la causa del decesso non è la febbre dengue ma le diagnosi sbagliate, i farmaci sbagliati, le trasfusioni infette che i bambini hanno ricevuto in altri ospedali e in altre cliniche».

Le polemiche sui suoi metodi sono state rilanciate quando il quotidiano svizzero «Blick» gli ha dedicato una copertina-scandalo col titolo BEAT RICHNER È FINITO. L'inchiesta, che alludeva a difficoltà finanziarie dei suoi ospedali, ha suscitato una solidarietà diffusa, le donazioni hanno ripreso ad affluire verso la sua fondazione. Gli avversari non demordono e lo attaccano su un altro fronte, quello della successione. Quando non ci sarà più Beatocello con la sua popolarità e i suoi concerti, dicono, a lungo termine nessun discepolo potrà mantenere in vita degli ospedali così costosi. L'accusa più raffinata viene formulata così: il suo ideale di assistenza medica, troppo ambizioso, non rispetta un equilibrio di «sviluppo sostenibile» per i Paesi poveri. Il gergo degli esperti lo manda su tutte le furie: «Ai bambini che arrivano da me per essere curati che cosa dovrei rispondere? Andate via, perché la vostra guarigione non è economicamente sostenibile?».

I cinesi ci giudicano

Al mio quinto anno di lavoro a Pechino la mia assistente cinese, la trentaduenne Zhang Yin, resta per me un personaggio ancora pieno di misteri. Le barriere culturali tra «noi» e «loro» sono numerose, spesso invisibili, non dette, dissimulate. I cinesi e le cinesi che a Pechino lavorano con gli occidentali hanno imparato a dare per scontate molte diversità, e viceversa. Ci si incontra su un terreno neutro, una serie di convenzioni quotidiane reciprocamente accettate. È difficile sapere che cosa pensino veramente di noi. C'è l'antica regola cinese per cui non bisogna far «perdere la faccia» al proprio interlocutore. Questo crea tabù e reticenze: è raro, quasi impossibile, sentirsi rivolgere delle critiche dirette. O anche delle semplici osservazioni sulle nostre abitudini che continuano a trovare strane. Nel caso di Zhang Yin si aggiungono due altre riserve. C'è la differenza di sesso, e quella gerarchica: in fondo sono il suo datore di lavoro. Per cercare di allentare i freni inibitori e di scoprire quel che pensa ho escogitato un esercizio. Le ho assegnato un lavoro. Ho fatto leva sul suo senso del dovere. È un'incombenza professionale, e come tale l'ha presa molto sul serio. L'ho enunciata in modo generico, impersonale, perché abbia la garanzia che non mi sentirò preso di mira. Ecco il compito: elencare sistematicamente tutte le differenze culturali, di etichetta, di comportamento quotidiano che lei nota negli occidentali. È da mesi che compila appunti quotidiani. Mi ha presentato una prima lista. Nonostante le mie precauzioni, dal suo elenco traspare un'autocensura, lo sforzo di essere autocritica più che critica. Si capisce anche che la sua esperienza degli occidentali è segnata da americani ed europei del Nord, più che dai latino-mediterranei. Infine è chiaro che quello che non le piace di noi va intuito, non lo dice esplicitamente. Ecco la prima parte delle sue osservazioni. Le riferisco come me le ha consegnate, stampate dal suo computer, senza aggiungervi commenti miei. «1) Molti cinesi sputano e gettano la spazzatura per terra, gli occidentali no. 2) I cinesi parlano a voce alta e cercano di fare i furbi nelle code, gli occidentali no. 3) *Sorry* (mi scusi) è una parola che voi usate molto, noi no. 4) Stringersi la mano o abbracciarsi è un saluto comune tra gli occidentali, in particolare se non si vedono da qualche tempo. L'abbraccio non è mai stato adottato dai cinesi. Può capitare che adesso stringiamo la mano di qualcuno, generalmente si tratta di persone con cui non c'è un vincolo familiare ma solo professionale, al massimo amici o colleghi di lavoro. Tra parenti non c'è un gesto fisico per esprimere il saluto, forse una forma di timidezza ci impedisce il contatto corporale, e di certo non ci stringiamo la mano. In un certo senso, più la relazione è stretta, meno il corpo viene coinvolto nell'espressione dei sentimenti. Solo tra i più giovani da qualche anno comincia ad apparire l'usanza di abbracciarsi e baciarsi in pubblico. 5) Per contro, tra gli occidentali un contatto fisico tra persone dello stesso sesso in pubblico può indicare che si è omosessuali. Per i cinesi al contrario è più facile vedere due ragazze che passeggiano stringendosi per mano, o due ragazzi che si danno amichevoli spintoni o pacche sulle spalle. 6) In un ascensore voi vi salutate o fate un cenno, noi ci ignoriamo. 7) Sulle scale mobili non c'è la regola che chi sta fermo si piazza a sinistra o a destra per lasciarsi superare. 8) Gli stranieri considerano maleducato fare dei rumori con la bocca quando si mangia, per esempio nel caso degli spaghetti o della minestra. Nel costume cinese al contrario mangiare rumorosamente è un modo per far sapere quanto si apprezza il cibo. 9) Da voi ciascuno ha il pasto nel proprio piatto, noi teniamo il cibo al centro della tavola e ci si serve condividendo dal piatto comune. 10) Se siete invitati a pranzo da un cinese vi vedrete offrire una quantità esagerata di alimenti. Siamo molto fieri delle nostre tradizioni culinarie, il pasto è una festa e all'ospite bisogna offrire assaggi di tante portate diverse. Anche al ristorante ordinare molto più di quel che riusciremo a mangiare è un segno di rispetto e di deferenza verso la persona che invitiamo. Gli occidentali non esprimono l'ospitalità in questa maniera. Dedicano più attenzione all'arredamento e all'atmosfera del ristorante, all'eleganza dei camerieri e al lusso dei bicchieri e delle posate. Il cibo che ordinate è piuttosto semplice, ai nostri occhi non è adatto per festeggiare un ospite importante.»

La parte dedicata al cibo è immensa, proprio come nella vita dei cinesi – mentre Zhang Yin concentratissima scrive, scrive... diligentemente continua a compilare l'elenco delle differenze culturali tra «noi» e «loro». È la sua minuziosa osservazione delle mille abitudini spicciole della vita quotidiana che contribuiscono a definire l'identità culturale dei popoli. Sono le cose che non troverete mai spiegate nei grandi saggi sullo «scontro di civiltà», ma che ci fanno sentire stranieri e conservano alla Cina il suo esotismo, nonostante gli effetti omogeneizzanti della modernizzazione.

«Noi cinesi» scrive Zhang Yin «collochiamo il cognome prima del nome. Per esempio se io fossi occidentale mi chiamerei Yin Zhang anziché Zhang Yin. Molti stranieri non lo hanno ancora imparato, continuano a sbagliarsi, e questo dà luogo a errori che noi troviamo buffi. Ci sono ancora giornali occidentali dove il nostro presidente Hu Jintao viene chiamato Mr Jintao, come se chiamassero il presidente americano Mr Barack o il vostro premier Mr Silvio. Noi attribuiamo questa differenza al diverso grado d'importanza dell'individualità nelle due civiltà. Nella cultura cinese l'individuo è semplicemente il membro di una grande famiglia, mentre in Occidente l'invidualismo è più forte e l'identità del singolo viene riconosciuta in modo più formale.

«Mike o Paolo è senza dubbio un nome maschile, Rose o Carla è femminile. In Cina spesso è difficile distinguere il nome di una donna da quello di un uomo, perché possiamo creare i nomi liberamente attraverso una composizione di caratteri in mandarino. Sicché talvolta può essere impossibile conoscere il sesso della persona con cui scambiate corrispondenza o e-mail, finché non l'incontrate.

«Una regola di cortesia cinese impone di sminuire se stessi ed elevare l'interlocutore, per mostrare rispetto. Nel presentarci dichiariamo il nostro nome nel modo più semplice, senza alcun titolo, mentre chiamiamo l'altro con il suo nome preceduto da un titolo: dottore, professore, maestro, manager, perfino segretaria: non importa quale sia il suo rango o il suo mestiere, ricordarlo è comunque un segno di rispetto.

«Le domande sull'età, lo status coniugale, il numero dei figli, il salario che si guadagna, da voi sono considerate piuttosto intime e quindi indiscrete e maleducate fra persone che non si conoscono da tempo. Tra noi cinesi, soprattutto fra la gente del popolo, rivolgerci subito queste domande è un modo per creare un'atmosfera di familiarità e stabilire un contatto umano amichevole.

«Le vostre espressioni di saluto più usuali sono "Buongiorno" e "Buonasera", "Come sta?", "Come va?", e magari (tra gli anglosassoni) qualche banale commento sul tempo. Noi cinesi ci salutiamo chiedendo: "Hai già mangiato?", "Dove stai andando?", "Cosa stai per fare?". Gli stranieri poco avvezzi ai nostri costumi rimangono interdetti perché le prendono alla lettera: sembra che vi facciamo un interrogatorio, forse sembriamo persino impertinenti. Invece quelle domande sono un modo per esprimere interessamento. Se non avete ancora mangiato, la nostra domanda non va interpretata come un invito a pranzo!

«Al termine di un incontro, per esempio una cena a casa di amici, abbiamo dei modi molto diversi per prendere congedo, salutare e andarcene. Gli occidentali tendono a scusarsi, quasi che l'andar via sia una mancanza di rispetto, e quindi devono esprimere dei motivi razionali, indipendenti dalla propria volontà, insieme a un rincrescimento e una promessa: si è fatto tardi, ho una baby-sitter che aspetta a casa, è stato piacevole stare assieme, spero di rivedervi ancora. Noi cinesi tendiamo ad attribuire la ragione al padrone di casa. Le nostre tipiche frasi di commiato sono: ti vedo stanco, devi andare a letto e goderti un buon riposo. Inoltre i nostri commiati sono molto veloci, quasi improvvisi in confronto ai vostri. I saluti degli occidentali durano parecchi minuti, c'è chi li prolunga nell'atrio o sul pianerottolo di casa. Noi invece quando abbiamo deciso di andare via e annunciato la partenza concludiamo con uno «Spiacente di aver preso tanto del vostro tempo», ci alziamo di scatto e ci dileguiamo molto in fretta. Gli stranieri spesso rimangono esterrefatti di fronte alla velocità con cui un ospite cinese si avvia verso l'uscita, vi deve sembrare quasi una fuga precipitosa. Per noi è inopportuno affaticare il padrone di casa con commiati interminabili.»

Pechino «trompe-l'œil»

È il mio cartellone pubblicitario preferito, per via dell'ironia nascosta che il suo anonimo autore è riuscito a infilarci: fa il verso all'iconografia della Cina comunista, i suoi personaggi scimmiottano le pose eroiche in voga sotto Mao Zedong, e al tempo stesso prende in giro la Cina di oggi, il suo capitalismo sfrenato, la febbre dei consumi del ceto medio urbano. Vent'anni fa questo Paese era ancora pieno di manifesti e monumenti con statue titaniche di gruppi di operai e contadini uniti nella lotta. Qualcuno impugnava la bandiera rossa, altri falce e martello, piccone e badile, lo sguardo proteso verso il Sol dell'Avvenire e la costruzione del socialismo. Nei manifesti della recente campagna pubblicitaria che ha invaso una grande strada di Pechino, invece, i soggetti sono top model e giovani attori, signorine in minigonna con scollature e ombelico al vento, teenager in jeans e bandana. Falce e martello sono sostituiti da borse e accessori di lusso. Verso il Sol dell'Avvenire una ragazza sospinge il carrello del supermercato stracolmo di roba, un'altra brandisce una flûte di champagne. La terza top model agita davvero una bandiera rossa, ma sopra c'è il logo del costruttore edile che in questo quartiere vende appartamenti a schiera attorno a una nuova attrazione di Pechino, il più grande shopping mall del mondo.

Non tutti possiedono la virtù dell'ironia, anzi. Di certo sono ubiqui, onnipresenti, invadenti: sono i giganteschi cartelloni pubblicitari «trompe-l'œil», usati per coprire i lavori in corso, i cantieri edili, le zone di Pechino (e Shanghai, Canton, Nanchino, Tianjin) dove spuntano nuovi grattacieli, centri commerciali, stadi e complessi sportivi, aeroporti, stazioni dell'alta velocità o della metropolitana. La tecnica del trompe-l'œil è antica e gli artisti del Rinascimento italiano già la padroneggiavano. Anche l'idea di applicarla per nascondere gru e impalcature è nata in Occidente. Ma a Pechino non si sono limitati a copiarcela. Il fenomeno ha assunto vita propria; ha caratteristiche che la dicono lunga sull'immagine che la Cina ha di se stessa; e naturalmente ha dimensioni mostruose. Quest'ultimo è l'aspetto che colpisce di più il visitatore, per forza. Quando una nazione riesce ad accrescere il proprio Prodotto interno lordo a ritmi superiori al 10 per cento annuo per più di un decennio, da qualche parte questo dinamismo si deve pur vedere. Ecco, sui marciapiedi di Pechino si vede. La quantità di cantieri aperti nella capitale cinese, anche per effetto del «boom olimpico», è impressionante. In tutta la Cina si calcola che vengano costruiti 40 miliardi di metri quadri di nuovi edifici al giorno; metà delle gru del pianeta sono in Cina, e il Paese utilizza il 45 per cento di tutto il cemento mondiale. Una simile febbre delle costruzioni non ha precedenti storici neppure nell'America del primo Novecento. Perciò non stupisce che anche il fenomeno del trompe-l'œil qui assuma proporzioni smisurate, assurde. Una volta che ha attecchito anche in Cina l'usanza di coprire i cantieri con cartelloni pubblicitari, da questa consuetudine è nata una seconda Pechino, una città virtuale che si sovrappone a quella reale, un paesaggio fittizio che ti riempie gli occhi per centinaia di chilometri e per molte ore di traversate urbane nel traffico impazzito (la metropoli-capitale ha una superficie estesa quanto l'intero Belgio)

Questa città virtuale ha molte funzioni, ha una vita propria, e da sola merita un'esplorazione molto attenta. Un turista originale scoprirebbe molte cose della Cina contemporanea attrezzandosi a visitare, prima della Città Proibita, la Pechino immaginata dai trompe-l'œil. Anzitutto vi colpisce la mancanza quasi totale di illustrazioni superflue, di coperture puramente estetiche, «artistiche»: proprio quelle che invece piacciono di più in Italia, in Francia e negli Stati Uniti, dove i trompe-l'œil sono diventati elementi di arredo urbano, decorazioni, spesso più belle di quello che nascondono o di quello che verrà costruito alla fine. No, il trompe-l'œil di Pechino di solito ha una funzione squisitamente pratica e molto diretta: vuole vendervi quello che un giorno (tra non molto, visti i tempi record delle costruzioni) ci sarà lì dietro. Spesso, come molte pubblicità, è un po' menzognero: il grattacielo-condominio viene dipinto con attorno un'aureola di giardini pubblici, che si scopriranno inesistenti. La speculazione edilizia è un business feroce, implacabile, le sue colate di cemento invadono ogni spazio, e grazie alle tangenti le autorità comunali chiudono un occhio se il progetto finale non rispetta le regole sul verde pubblico. Anche gli acquirenti protestano, ma peggio per loro, che di solito hanno pagato in anticipo almeno il 30 per cento del prezzo dell'appartamento «visitandolo» solo su un dépliant pubblicitario mentre ancora le scavatrici stavano lavorando alle fondamenta. Il trompe-l'œil ha svolto il suo compito: vendere il sogno di un futuro migliore, quel sogno che fa correre a perdifiato tutta la Cina; e pazienza se un giorno subentrerà la delusione, perché al posto dei cieli azzurri disegnati sui cartelloni ci sarà la densa nebbia dello smog nella città più inquinata del pianeta.

Questo conduce direttamente all'aspetto «culturale» dei trompe-l'œil. Anche in questo caso torna in mente il periodo maoista dei manifesti dominati da titaniche figure di operai nerboruti, martelli e chiavi inglesi, ciminiere fumanti. Negli anni Cinquanta e Sessanta fu chiamata ironicamente «l'estetica del traliccio» e ancora oggi i collezionisti trovano quelle illustrazioni sbiadite sulle bancarelle di ricordi di Pechino. Abbondano le immagini di contadini raggianti che sfilano davanti a Mao guidando camion, scavatrici, locomotive, fra prati invasi da cantieri, fabbriche e centrali elettriche. Oggi i contenuti della pubblicità e le tecniche del design sono cambiate parecchio, ma non è cambiata affatto l'ingenua, caparbia fiducia nel Progresso. La distruzione dell'ambiente, i 750.000 decessi prematuri provocati ogni anno dall'aria infetta e dall'acqua contaminata, tutto questo passa in secondo piano di fronte all'orgoglio di costruire e ingrandire, edificare e modernizzare. Sui costi sociali di questa crescita, proprio il trompe-l'œil stende un «velo» in senso letterale. Dietro quei cartelloni si nascondono talvolta le casette tradizionali in demolizione, i quartieri fatiscenti la cui popolazione è stata sfrattata con la forza, e poi gli eserciti di muratori venuti dalle campagne povere, ex contadini immigrati in città che vivono nello squallore dei dormitori accanto alle polveri delle betoniere, avvolti dal fracasso assordante delle scavatrici all'opera ventiquattr'ore su ventiquattro, coi riflettori sempre accesi che ti accecano del loro bagliore in piena notte.

L'assenza di trompe-l'œil dalle velleità creative, artistiche, decorative, rivela un altro aspetto della cultura urbanistica di Pechino. Come ai tempi di Mao, questa Cina è una «pagina bianca su cui scrivere la storia futura». L'idea della conservazione, il valore del passato, l'attaccamento alle tradizioni e all'identità culturale antica, tutto questo resiste per lo più in alcuni anfratti remoti delle memorie personali; viene custodito e difeso dagli abitanti degli ultimi vicoli del centro storico; viene riscoperto come un business dalle operazioni di restauro mirato che ricreano le antiche case a pagoda per un pubblico di soli miliardari. Ma non fa parte del grande disegno di Pechino l'idea di una continuità storica, il progetto di costruire il futuro rispettando una civiltà millenaria e la sua estetica. Per questo le rare volte che una forma «antica» fa capolino nei giganteschi cartelloni pubblicitari in trompe-l'œil è perché vi compaiono delle allarmanti colonne in stile corinzio, una facciata di villa neopalladiana, o un arco di trionfo sul modello parigino. Queste finte bellezze mercenarie d'importazione occidentale piacciono nei quartieri per nuovi ricchi, aiutano a vendere le villette a schiera nelle periferie di lusso, sul costoso mercato immobiliare che si rivolge alla borghesia kitsch. Per il resto, il grosso della Pechino moderna è tirato su col righello di geometri indaffarati, l'orizzonte è oscurato da selve di grattacieli goffi come certi adolescenti nei momenti in cui crescono troppo in fretta. Dietro i trompe-l'œil s'ingrossa una città che è essa stessa un trompe-l'œil: non capisci la sua identità, perché lei per prima non l'ha ancora capita, o non ha voglia di guardarsi dentro squarciando quel velo di apparenze.

Conclusione

Per festeggiare l'anniversario del crac che fece tremare il mondo, la top manager della banca Wells Fargo, Cheronda Guyton, ha avuto un'idea originale. Nel settembre del 2009 ha organizzato un party sontuoso in una villa di Malibu (California) da 12 milioni di dollari. Pignorata a un cliente rovinato da Bernard Madoff, l'imprenditore accusato della più grande truffa finanziaria di tutti i tempi.

Nello stesso periodo Robert Benmosche, il nuovo amministratore delegato del colosso assicurativo AIG, il cui salvataggio pubblico è costato al contribuente americano oltre 182 miliardi di dollari, si è assegnato da solo uno stipendio da 7 milioni l'anno: tredici volte quello del presidente degli Stati Uniti. Un anno dopo la bancarotta della Lehman Brothers, i padroni della finanza sono tornati a colpire. Impuniti e arroganti come prima.

Il 15 settembre 2008 è una data che Wall Street non può dimenticare. È una di quelle giornate impresse nella memoria in modo così indelebile che ciascuno ricorda cosa stava facendo, dov'era, in compagnia di chi: come l'11 settembre 2001, o il giorno dello sbarco sulla Luna. Il tracollo della celebre banca d'investimento ebbe effetti a catena sui mercati mondiali. Provocò il panico non solo tra i risparmiatori ma ai vertici dell'alta finanza, una crisi di sfiducia tale che le banche smisero di prestarsi fondi tra loro. Fu la paralisi completa del credito, un collasso sistemico. Nei giorni terribili che seguirono, mentre le banche centrali e i governi tentavano ogni manovra d'emergenza per rianimare il capitalismo, fu detto: il mondo non sarà mai più come prima. Oggi quella profezia si è realizzata solo in parte. Certo, la Grande Recessione ha lasciato ferite profonde nel tessuto sociale. I consumatori hanno riscoperto comportamenti frugali. Il ruolo dello Stato nell'economia si è allargato in tutti i Paesi. Ma è proprio nell'epicentro originario della crisi, il mondo della finanza, che la spinta al cambiamento si è già esaurita. Lo constata con sgomento perfino il quotidiano più letto da quei signori, il «Wall Street Journal»: «La catastrofe Lehman ha lasciato immutate molte cose. Lo sforzo di riformare le regole dei mercati è stato sconfitto dalla resistenza dei banchieri. I superstipendi sono di ritorno. Le speculazioni ad alto rischio pure. Tornano a circolare prodotti finanziari esotici molto simili a quelli che nell'autunno 2008 trascinarono i mercati e l'economia globale nel precipizio».

La velocità con cui Wall Street è tornata a praticare i vecchi vizi è sconcertante. Dopotutto, le scosse dello «sciame postsismico» sono ancora percettibili. L'America da sola ha visto fallire cento aziende di credito, e decine di migliaia di dipendenti bancari hanno perso il lavoro.

Ma per chi è rimasto al suo posto il Bengodi ricomincia. Passata la grande paura, già nel primo semestre del 2009 le cinque maggiori banche di Wall Street hanno riservato 61 miliardi di dollari per le gratifiche ai propri manager e trader. È un po' meno che nel 2007 – l'ultimo anno della bolla speculativa prima del tracollo – ma oggi il bottino si spartisce tra un numero minore di banchieri. Individualmente, tornano a guadagnare ancora più dei livelli pre-crisi. Come hanno fatto ad aggirare le regole varate dall'amministrazione Obama e dal Congresso per evitare quegli eccessi? Semplice: la legge limita i bonus, cioè i premi di fine anno, quindi loro si sono aumentati gli stipendi mensili.

In parallelo all'ingordigia dei manager, tra loro è tornata

anche la febbre della speculazione. L'insieme dei titoli derivati – ad alto rischio – detenuti dalle banche americane nel 2009 ha raggiunto 14.600 miliardi di dollari: quasi il triplo rispetto al 2006. Nel casinò della finanza sono ricominciate le puntate spericolate, i giochi d'azzardo. La grande assente è la riforma generale delle regole.

Lo spettacolo indegno dei banchieri impuniti e recidivi deve insospettirci e metterci in guardia. La Slow Economy che ci attende può imboccare direzioni diverse. Può ridursi a «crescita lenta» e basta. Un lungo periodo di stagnazione imposto dalla necessità di smaltire le tossine che si sono accumulate nell'organismo economico. L'esplosione del debito pubblico americano dovuta ai salvataggi bancari e alle nazionalizzazioni porterà nuove tasse ed esporterà inflazione nel resto del mondo, sarà un peso che ci trascineremo per anni. Nessun «elogio della lentezza» potrà consolare i giovani alle prese con scarse opportunità di lavoro.

La «buona» Slow Economy invece deve essere il contrario dell'immobilismo. Richiederà fantasia, innovazione, voglia di avventurarsi in esperimenti nuovi. Il giusto punto di partenza consiste nel liberarsi della schiavitù dei numeri. Le statistiche che ci hanno bombardato per anni, calamitando la nostra attenzione, ci hanno portato sulla strada sbagliata. Cittadini e governi, sotto la dittatura del Prodotto interno lordo abbiamo concentrato energie e intelligenza per rincorrere obiettivi non essenziali, o perfino distruttivi. Quando l'intuizione profetica del Bhutan sulla Felicità interna lorda è stata finalmente ripresa da una ricca nazione occidentale, di colpo il feticismo del PIL è stato smascherato. Il processo al vitello d'oro, all'idolatria dell'arricchimento quantitativo, ha ottenuto dignità e autorevolezza. Incaricando il premio Nobel Joseph Stiglitz di guidare la revisione delle statistiche nazionali, il presidente francese Nicolas Sarkozy ha affermato: «Nel mondo intero i cittadini pensano che noi li stiamo ingannando, che le statistiche sono bugiarde, che i numeri vengono manipolati. E hanno ragione. Dietro la religione dei numeri, dietro tutte quelle cifre e quelle contabilità complesse, c'è il dogma secondo cui il mercato ha sempre ragione». Il fronte di battaglia aperto dalla Francia – sotto un presidente che non è certo di idee radicali – è cruciale per il nostro futuro. E per stabilire quali compiti ci aspettano se prevale lo scenario «buono» della Slow Economy. Accogliendo l'incarico di Sarkozy, Stiglitz ha commentato: «Ciò che noi misuriamo influenza le nostre azioni. Se usiamo gli indicatori sbagliati, ci sforzeremo di raggiungere obiettivi altrettanto sbagliati». Qualcuno può sospettare che la Francia sia mossa anche da una voglia di rivincita nazionalista. Un esempio spesso citato per contestare la validità del PIL oppone proprio la Francia agli Stati Uniti. Riguarda il sistema sanitario. La sanità pubblica francese costa alla collettività l'11 per cento del PIL nazionale, molto meno della sanità privata americana che assorbe il 16 per cento del PIL degli Stati Uniti. Dunque la spesa sanitaria contribuisce a «fare più ricca» l'economia americana, visto che quella spesa contribuisce aritmeticamente ogni anno al PIL. Tuttavia il sistema francese è molto più efficiente, sotto tutti i profili: mortalità infantile, longevità degli anziani e molti altri indicatori fanno sì che la Francia figuri al primo posto al mondo per la qualità della sua assistenza medica. Gli Stati Uniti sono in coda alle classifiche dei Paesi ricchi, perché il loro sistema sanitario ha difetti terribili. Dunque il PIL è un indicatore pericolosamente fuorviante: fa credere agli americani di essere più ricchi, mentre in realtà bruciano risorse in un sistema sanitario che li cura peggio. Non è il solo esempio, e non è per il gusto di dare lezioni agli americani che la Francia ha messo in discussione la sacralità del PIL. Anche all'interno degli Stati Uniti i sussulti post-crisi mettono a nudo paradossi stridenti. Tanti giovani americani che si erano iscritti alle facoltà di Economia per trovare un posto in una grande banca ora ci ripensano. Un po' perché Wall Street assume meno di prima. Un po' perché i sistemi di valori sono cambiati, il prestigio di lavorare alla Goldman Sachs o a Citigroup non è esattamente lo stesso che nel 2007. E così accade che una parte di neolaureati voltino le spalle ai mestieri della finanza. Qualcuno sceglie perfino di andare a insegnare. Il programma Teach for America, che invia giovani brillanti e preparati a lavorare nelle scuole dei quartieri più degradati, è assediato dalle candidature. Ma per ogni laureato che sceglie di insegnare anziché negoziare *futures* sull'oro il PIL americano registra un mancato guadagno. Essendo la sommatoria dei redditi prodotti in un anno, il PIL si gonfia con gli stipendi di Wall Street, ben più grassi di quelli pagati dalle scuole di Stato. Che assurdità: un giovane che sceglie la vocazione d'insegnare «impoverisce» la nazione, rispetto alla «ricchezza» che potrebbe creare se andasse a speculare in Borsa.

Autorevoli istituzioni internazionali, dall'ONU all'OCSE, alla Banca mondiale, promuovono da anni studi per mettere a punto un «indicatore di progresso». Perché la ricchezza materiale di un Paese si può aumentare in tanti modi perversi e distruttivi, per esempio producendo armi. Mentre il benessere reale dei cittadini dipende molto da valori che non sono economicamente misurabili: per esempio i livelli di criminalità o di sicurezza; la qualità dell'istruzione; il tempo libero e le opportunità per usarlo in modo piacevole. Inoltre, ai numeri dello sviluppo economico bisognerebbe sottrarre il valore delle risorse naturali perdute, dei boschi distrutti, dell'aria inquinata, delle acque avvelenate.

In quanto al concetto di efficienza, dall'Estremo Oriente possiamo prendere un'altra lezione. Ci viene dal Giappone. Un Paese la cui stella si è un po' appannata da quando la Cina gli fa ombra. Lo abbiamo trascurato e tuttavia il Giappone resta uno dei Paesi più ricchi del mondo. È imbattibile in diverse tecnologie avanzate, come l'elettronica. Pur essendo all'avanguardia mondiale nell'automazione e nella robotica, il Giappone presenta un curioso paradosso. Chi lo ha visitato sa che in diversi servizi c'è una sovrabbondanza di manodopera. Per esempio, negli alberghi o nei grandi magazzini ci sono ancora le signorine che accolgono la clientela negli ascensori. Altre sono pagate per salutare all'ingresso con tanti inchini. Perfino ai controlli di sicurezza degli aeroporti, quando posate i telefonini sul metal detector, il numero di addetti coi guanti bianchi che vi assistono è il doppio che in un Paese occidentale. Questa manodopera impiegata in attività puramente «decorative» sembra uno spettacolo da Terzo Mondo. Ma nel Terzo Mondo il lavoro umano costa poco, in Giappone invece i salari sono alti. Gli economisti ortodossi hanno spesso criticato quest'anomalia nipponica. Hanno definito «inefficiente» l'economia del Sol Levante. Si dà il caso però che nel corso della Grande Recessione il Giappone – pur colpito duramente dal crollo delle esportazioni – sia riuscito a contenere la disoccupazione a un tasso che è la metà di quello americano. Il nuovo premier Yukio Hatoyama, che nel settembre 2009 ha portato i democratici a vincere le elezioni, ama ripetere che il suo valore fondamentale è la «fratellanza». Una parola caduta in disuso, ma che figurava nel trittico della Rivoluzione francese, alle origini della liberaldemocrazia: *Liberté, Égalité, Fraternité*. In definitiva, a che serve avere un'economia più snella e una produttività del lavoro più elevata, se questo significa lasciare a casa un esercito di lavoratori a sopravvivere di indennità di disoccupazione? Nella cosiddetta «inefficienza» nipponica c'è un'attenzione al benessere sociale. Del resto questo Giappone così «arretrato» ha inventato per primo il treno superveloce. Tokyo ha lanciato l'auto ibrida a trazione elettrica quando ancora gli americani accrescevano il proprio PIL acquistando i SUV, finanziavano indirettamente al-Qaeda con la propria dipendenza dal petrolio saudita e detenevano il record mondiale di emissioni carboniche per abitante.

Se vogliamo che la Slow Economy non sia la semplice

rassegnazione al declino, per realizzarne la versione posi tiva dovremo muoverci in due direzioni. Esplorando modelli economici più centrati sul benessere reale dei cittadini. E trasformando i nostri Paesi ricchi in laboratori sperimentali di soluzioni da esportare nel Nuovo Mondo: Cina e India. Consapevoli che la Slow Economy non può imporre a tutti la stessa velocità. Deve contemplare ritmi diversi, per aree del mondo che hanno bisogni profondamente diversi.

Che il XXI secolo sia destinato ad avere un'inconfondibile impronta cinese oggi pochi osano contestarlo. L'importanza di questa nazione cresce a dismisura sotto i nostri occhi. Nessun cittadino del mondo può pensare di avere una visione aggiornata della storia, se non vi include una prospettiva cinese. Laboratorio di modernità, colosso economico e politico-militare, epicentro di distruzione ambientale, buco nero dei diritti umani: ognuno può affrontare la Cina da un'angolatura diversa; nessuno può aggirarla e fare finta che non esista.

Ho avuto la fortuna di trovarmi di fronte a questi problemi abbastanza presto, da un osservatorio privilegiato. Quando ancora l'Europa tardava ad aprire gli occhi sull'ascesa della Cina, io vivevo a San Francisco. La West Coast americana è proiettata da molto tempo verso l'altra sponda del Pacifico, per diverse ragioni: dall'importante immigrazione asiatica, fino agli stretti rapporti tra l'industria tecnologica della Silicon Valley e l'Estremo Oriente. «*Buscando el Levante por el Poniente*», arrivai quindi a frequentare la Cina venendo dalla California; un percorso che mi ha fatto toccare in apparenza estremi opposti. Per esempio, tra l'aria pulita dell'«ultraverde» San Francisco e lo smog di Pechino. In un certo senso ho seguito a mia volta il percorso della globalizzazione, trasferendomi dalla terra natale delle ultime rivoluzioni tecnologiche e di Internet alla nuova fabbrica del pianeta.

Nelle paure che agitano l'Italia – e buona parte dell'Occidente – la Cina occupa un posto speciale. Il pessimismo sulla globalizzazione e l'ascesa della potenza cinese sono due fenomeni paralleli. Il «pericolo giallo» ha avuto un ruolo fondamentale nell'alterare la percezione che abbiamo del mondo esterno, delle sue sfide e delle sue minacce. Qualche autorevole esperto è arrivato a teorizzare che la Cina è troppo grande per la globalizzazione; cioè che il modello di sviluppo capitalistico che noi abbiamo esportato nel resto del mondo non è replicabile su una scala demografica così vasta e può avere conseguenze disastrose, per esempio sugli equilibri ambientali. Il «dragone nella cristalleria» rischia di fare danni: a ogni colpo di coda temiamo che sfasci tutto.

Ma l'importanza della Cina non è solo economica, politica, ambientale. Il suo ritorno al centro della storia ci obbliga a confrontarci con una civiltà plurimillenaria, più antica della nostra. Forse la civiltà più «diversa» che l'Occidente abbia mai incontrato.

«Noi» e «loro» potremo mai capirci davvero? Prima ancora di sapere se sarà possibile un giorno trovarsi d'accordo su temi spinosi e controversi quali il Tibet, la democrazia, i diritti umani, è utile interrogarci su quanto siano distanti i nostri contesti, i referenti storico-culturali dei due mondi. Possiamo davvero sapere che cosa giunge alle loro orecchie quando noi parliamo con i cinesi, o di cosa parlano loro quando noi li ascoltiamo? Possiamo avere la ragionevole fiducia che ci intendiamo sul significato delle parole che stiamo usando?

Questo interrogativo è sorto secoli prima della democrazia e dei diritti umani. È un dilemma che l'Occidente comincia a porsi ai tempi del gesuita-scienziato Matteo Ricci, il primo autentico sinologo, il pioniere che tenta di costruire un ponte tra cristianesimo e confucianesimo. Non a caso Ricci parte proprio dal linguaggio: traducendo Confucio per gli europei e il catechismo cattolico per i cinesi. Alla domanda se sia possibile capirsi Matteo Ricci dà una risposta inequivocabile: sì. Non la dà a cuor leggero. Non è un ottuso prevaricatore eurocentrico, anzi, la Santa Sede lo accusa di essere troppo accondiscendente con i cinesi, e come missionario il suo bilancio è un fiasco totale.

Paradossalmente, dopo qualche secolo di frequentazione reciproca l'Occidente è diventato più scettico sulla capacità di capire i cinesi, e di esserne compreso. Nel 1894 un altro missionario, l'americano Arthur Smith, approda al giudizio opposto a quello di Ricci. «Non c'è bisogno di conoscere a fondo i cinesi» scrive Smith «per arrivare alla conclusione che è impossibile, ascoltando parlare un Celeste, capire che cosa voglia dire. Per quanto lo straniero sia diventato esperto nella lingua parlata dai cinesi, fino a sapere ogni frase e a poterla scrivere in ideogrammi, probabilmente resterà sempre incapace di cogliere con esattezza il pensiero di chi gli parla.» Oggi, impregnati di relativismo culturale, gli americani e gli europei propendono a maggioranza per la risposta di Smith contro quella di Ricci.

In ogni comitiva di turisti eccitati che visitano la Repubblica popolare per la prima volta in vita loro, immancabilmente dopo quarantott'ore dall'atterraggio a Pechino alcuni sono già pronti a tenere lunghe conferenze – Lonely Planet alla mano – sull'«incolmabile abisso» tra la civiltà asiatica e quella occidentale. Ai giovani stagisti italiani in genere bastano i primi sei mesi in Cina per partorire un «Diario di vita» in cui confidano l'impagabile spaesamento esotico che li ha colti in ogni giornata trascorsa in mezzo ai cinesi, lo shock culturale, le diversità profonde ecc. ecc. E poiché non vi sono abbastanza editori (o lettori) per pubblicare tutte quelle autobiografie, fioriscono online i blog sullo stesso tema: testimonianze di vita quotidiana in mezzo ai misteri e agli enigmi dei cinesi, alla loro meravigliosa, esoterica alterità. Il teorema dell'incomunicabilità trova una singolare convergenza con le posizioni di due attori in gioco ben più formidabili. Da una parte c'è la business community, il mondo del capitalismo globale. Da tempo ha fatto la sua scelta: non cerchiamo di giudicare la Repubblica popolare secondo i nostri semplicistici schemi occidentali («libertà», «diritti civili»), rassegniamoci al fatto che su certe questioni non ci capiremo mai e badiamo al sodo. Si possono fare ottimi affari assieme purché non ci si lasci distrarre dal brusio velleitario del dissenso politico. Dall'altra parte c'è la classe dirigente del regime comunista, in senso lato, inclusi cioè quei ceti intellettuali e professionali che sono stati cooptati con grande successo dopo il 1989 con uno scambio politico che ha comprato il loro silenzio pagandolo in denaro sonante, prestigio e potere. Questa nomenklatura tecnocratica ha rinunciato da tempo a presentarsi come detentrice di un Verbo universale. Mai più esporterà rivoluzioni come nonno Mao Zedong. Ha scelto di arroccarsi sulla posizione opposta: le verità universali non esistono. A ogni civiltà i propri valori. A ogni nazione il sistema politico che meglio si adatta alla sua storia, alle sue tradizioni, e al suo livello di sviluppo socio-economico.

La domanda se noi e i cinesi possiamo capirci non è innocua, e non ha interesse puramente teorico. È una questione gravida di conseguenze, un terreno minato su cui ci si deve avventurare con precauzione. Si può dare una risposta solo ricordando quel trauma storico che fu la guerra dell'Oppio. Dimenticato da noi occidentali, ma sempre vivo nella coscienza dei cinesi. Da quel momento le aggressioni esterne si moltiplicarono, comprese alcune spedizioni di forze multinazionali a cui partecipò l'Italia. Con il trattato di Pechino del 1860 altre nazioni occidentali ottenevano diritti simili a quelli degli inglesi e si appropriavano di pezzi importanti dell'economia cinese, oltre a occupare fisicamente interi quartieri delle maggiori città. Per i letterati cinesi – il nerbo della classe dirigente e dell'amministrazione pubblica – fu la fine di un mondo, il crollo di una visione sinocentrica, l'abbandono di ogni senso di superiorità. Da allora la parte più moderna della società cinese ha un'ossessione dominante: capire l'Occidente, imitarci, adeguarsi a noi. L'élite, da quel periodo in poi, inizia sistematicamente a mandare i suoi figli a studiare in Europa, in America, oppure in quel Giappone che viene considerato come l'unico Paese asiatico ad aver appreso la lezione occidentale. Lo stesso Mao Zedong per arrivare alla conquista del potere nel 1949 ha prima adottato un'ideologia tedesca – il marxismo – passata attraverso l'interpretazione del russo Lenin. L'ultimo capitolo è quello inaugurato da Deng Xiaoping nel 1979: ancora una volta è un poderoso sforzo di imitazione dell'Occidente, da cui la Repubblica popolare decide di prendere in prestito l'economia di mercato. I risultati sono spettacolari. L'occidentalizzazione dilaga nel paesaggio urbanistico, negli stili di vita, nei consumi e nei costumi, nelle mode, nelle relazioni tra i sessi. Quest'ultimo trentennio coincide peraltro anche con una crescente apertura agli scambi culturali, in particolare per il flusso sempre più consistente di giovani cinesi che vanno a formarsi nelle università americane ed europee. Va ricordato, visto che noi italiani abbiamo troppo spesso la tendenza riduttiva a identificare la cultura con le discipline umanistico-letterarie, che i cinesi si sono da tempo impadroniti dei linguaggi occidentali in altri settori almeno altrettanto importanti: dalla matematica e dalle scienze (dove i giovani cinesi brillano nelle più selettive università americane) fino alla nostra musica classica pur tanto diversa dalla loro (pianisti e violinisti cinesi ormai si trovano nelle migliori orchestre filarmoniche d'Europa e d'America).

Tutto ciò non basta ad attenuare il profondo scetticismo diffuso in Occidente sulla possibilità di capirsi. Chi non è mai stato a Pechino o Shanghai, ma ha dei vicini di casa cinesi in via Paolo Sarpi a Milano, in piazza Vittorio a Roma, a Prato o a Carpi, può esibire una ricca aneddotica sull'incomunicabilità con queste comunità d'immigrati autosufficienti, ripiegate su se stesse, poco interessate a integrarsi nel Paese ospite, a rispettarne le regole, ad assorbirne i valori. Salvo ricordare che si diceva lo stesso degli immigrati italiani o irlandesi in America nel primo Novecento. Anche fra chi conosce bene la Cina per interessi economici vi è un'abbondante casistica di imprenditori occidentali pronti a raccontare disavventure imputabili alle barriere culturali: negoziati inconcludenti con partner locali di cui non si capiscono mai le reali intenzioni; joint venture disastrose in cui il socio cinese ha disatteso gli impegni e ignorato le clausole contrattuali; prevalenza delle solidarietà familiari e di clan sull'etica degli affari; difficoltà a far valere i propri diritti nei tribunali locali. Anche in questo caso, si può osservare che certi imprenditori dell'Italia settentrionale usano definizioni abbastanza simili per illustrare il «contesto ambientale» che li dissuade dall'investire nel nostro Mezzogiorno.

Oggi è senza dubbio la politica il terreno più importante su cui occorre fare i conti con la questione dell'incomunicabilità. L'idea che noi e i cinesi non possiamo capirci ci viene spesso opposta dai leader di Pechino quando noi occidentali invochiamo la necessità di riforme democratiche nella Repubblica popolare. La liberaldemocrazia occidentale – ci rispondono i dirigenti politici cinesi – è un modello fatto su misura per la civiltà occidentale caratterizzata da uno spiccato individualismo. La Cina è una società segnata dal confucianesimo, dove il gruppo conta più dell'individuo, dove le relazioni sociali sono «organiche», strutturate sull'obbedienza gerarchica e sul perseguimento di obiettivi collettivi. Questo tipo di società asiatica va governata come una famiglia, con il rispetto dell'autorità paterna, e d'altra parte carica sul *paterfamilias* la responsabilità di garantire il benessere dei propri familiari. La contraddizione sta nel fatto che nel 1989 una parte della società cinese aveva deciso che la Cina era prontissima per la democrazia. Proprio la «nostra» liberaldemocrazia pluralista, senza se e senza ma. Quel dibattito nel 1989 fu vinto dagli altri e soffocato nel massacro di Piazza Tienanmen. Ma non c'era nessuna barriera di linguaggio, nessuna incomprensione, nessun solco fra civiltà.

Cina e India sono due grandi modelli alternativi. Buona parte dell'umanità guarda o all'una o all'altra «strada verso lo sviluppo»: la caotica ma flessibile democrazia federale di New Delhi; l'efficiente decisionismo autoritario di Pechino. Nel maggio 2009 più di 400 milioni di indiani sono andati alle urne per un voto libero e pluralista, il più gigantesco suffragio universale della storia. Negli stessi giorni la Cina ha «celebrato» i vent'anni dal massacro di Piazza Tienanmen ignorandoli. Anche le risposte dei due Paesi alla recessione globale del 2008-2009 hanno confermato la loro irriducibile differenza. Pechino ha rilanciato in funzione anti-crisi gli investimenti pubblici in infrastrutture, volano della sua modernizzazione. L'India ha cercato rifugio nella minore dipendenza dai mercati di esportazione. Ambedue i Paesi hanno mantenuto un'«economia mista»: il capitalismo di Stato è un attore formidabile in Cina, la spesa pubblica assistenziale sostiene i consumi dei ceti meno abbienti in India.

C'è un nocciolo duro in comune, che dà sostanza al fenomeno Cindia. È il ritorno del baricentro mondiale nelle stesse due nazioni che furono per molti secoli più avanzate di noi. Seguendo percorsi ben distinti, con culture altrettanto antiche e profondamente originali, sia la Cina sia l'India stanno riconquistandosi un ruolo da protagoniste. E ridimensionano il nostro.

Secondo gli studi che l'economista Angus Maddison ha realizzato per l'OCSE, nel 2030 la quota dell'Asia sulla ricchezza mondiale raggiungerà il 53 per cento, mentre la somma dell'Europa e degli Stati Uniti sarà caduta al 33 per cento. Tuttavia il reddito medio dell'abitante asiatico sarà soltanto un terzo del nostro, quindi quei Paesi avranno ancora voglia e bisogno di crescere, saranno spinti da un'inesauribile carica di dinamismo.

Se viene osservato non da noi occidentali, ma dal punto di vista del resto del mondo, quello che sta accadendo è al tempo stesso giusto e naturale. Giusto, perché si va rapidamente verso una redistribuzione delle gerarchie di potere che corrisponde meglio agli equilibri tra le grandi masse di popolazioni. Naturale, perché Cina e India furono per larga parte della storia umana le due nazioni più sviluppate e più potenti. Esplorare Cindia ci aiuta a individuare le conseguenze dei cambiamenti planetari su di noi. È il passaggio obbligato per capire come dobbiamo adattarci, per non finire dal lato sbagliato della storia.

Si è aperta una fase nuova in cui alcune storture e perversioni della «prima globalizzazione» hanno generato crisi drammatiche. La tentazione in Occidente è spesso quella di indicare il colpevole in Cindia. La crescita di nuove classi medie asiatiche e l'esplosione dei loro consumi viene descritta come il colpo di grazia per il pianeta. Per un indiano è duro sentirsi dire che mangia troppo, quando la dieta proteica anche nel ceto medio-alto di Mumbai o Bangalore resta la metà di quella dell'americano medio. Lo stesso vale per l'abitudine di additare la Cina come il mostro che distrugge gli equilibri ambientali. Non c'è dubbio che l'impatto cinese può essere devastante sulle risorse naturali, se non cambia modello di sviluppo. Ma in Cina attualmente ci sono 12 automobili ogni mille abitanti; negli Stati Uniti ci sono 480 auto ogni mille abitanti. Temere la crescita delle nazioni asiatiche come una calamità è disonesto. Con questi atteggiamenti giustifichiamo nei Paesi emergenti l'idea che l'Occidente è una roccaforte di ricchi egoisti, i quali hanno razziato selvaggiamente le risorse naturali, per poi predicare l'ambientalismo, la frugalità e l'austerità ai più poveri. La contesa tra «noi» e «loro» per le risorse naturali sempre più scarse – non solo l'energia ma anche l'acqua, e le terre coltivabili – è reale. Sarà uno dei temi dominanti nei prossimi decenni. Questa competizione può prendere una piega pericolosa. L'ex segretario di Stato americano Henry Kissinger, uno degli osservatori più acuti della politica internazionale, ha scritto: «Il centro di gravità degli affari internazionali si sposta dall'Atlantico al Pacifico e all'Oceano

Indiano. Due saranno le tendenze che definiranno la diplomazia nel XXI secolo: il rapporto tra le potenze asiatiche, Cina, India, Giappone e Indonesia, e il rapporto tra Cina e USA. In passato, simili smottamenti nella struttura del potere generalmente portavano a una guerra».

Ma gli sbocchi più drammatici non sono inevitabili. Per scongiurarli tocca anche a noi fare uno sforzo. Dobbiamo capire che Cina e India vengono da molto lontano, hanno una propria visione della storia, e del posto che vi occupano i loro popoli. Per capire cos'è il Nuovo Mondo in cui vivremo noi e i nostri figli, è essenziale osservare ciò che sta accadendo nei luoghi dove il ritmo del cambiamento è più veloce. Scoprirli ci aiuta a ridurre l'angoscia e le paure irrazionali. Queste nazioni immense stanno cercando soluzioni a problemi comuni.

E se il futuro del pianeta fosse deciso da un G2, Washington-Pechino? Per valutare l'impatto di un futuro asse America-Cina su noi europei, tre ipotesi di partenza sono verosimili, tanto da essere condivise da molti esperti sia americani che cinesi. Prima ipotesi: uno degli effetti della crisi economica 2007-2008 è di accorciare (relativamente) i tempi della rincorsa cinese sugli Stati Uniti. Seconda ipotesi: le due classi dirigenti, a Washington e a Pechino, si convincono che il XXI secolo sarà destinato a contenere un «appuntamento conflittuale» tra loro, com'è sempre accaduto nella storia quando s'incrociano il declino di una potenza egemone e l'ascesa di un numero due. Terza ipotesi: per anni o forse per qualche decennio, ambedue le classi dirigenti ritengono di doversi concentrare su alcune priorità, o vulnerabilità, interne. La conclusione, partendo da queste tre premesse, è abbastanza logica. America e Cina hanno interesse a una lunga tregua. La loro simbiosi già ben visibile negli ultimi anni sul terreno commerciale, industriale e finanziario verrebbe gradualmente estesa ad altri ambiti di comune interesse: politiche per l'ambiente; lotta al terrorismo; prevenzione delle pandemie. Questo non impedisce le occasionali scaramucce e tensioni, per esempio sul protezionismo che ambedue le nazioni condannano a parole e praticano nei fatti. Ma le normali *querelles de ménage* si svolgono, per l'appunto, come scene da un matrimonio. Non un legame indissolubile: il divorzio è previsto dal codice di famiglia sia in Cina che negli Stati Uniti. Il matrimonio sino-americano sarà abbastanza durevole, però, da provocare un serio problema per l'Europa. Lentamente ma inesorabilmente, l'Unione europea scopre un nuovo pericolo: quello di essere messa sempre più spesso di fronte al fatto compiuto, su questioni di vitale interesse, per effetto di accordi già conclusi in precedenza lungo l'asse Washington-Pechino. Non sono cose che accadono di colpo. Non sono cose che si dicono. Avvengono per slittamenti impercettibili. Quando ci se ne accorge di solito è troppo tardi.

Un'idea del percorso che è già stato compiuto si ottiene dalla lettura dell'ultimo saggio di Harold James, *The Creation and Destruction of Value* (2009), pubblicato dalla Harvard University Press. James è docente di storia e affari internazionali a Princeton. È uno dei più acuti storici della globalizzazione, capace di illuminanti analisi sui nessi tra i rapporti di forze economici e le relazioni internazionali dall'epoca dell'impero romano. In quest'ultimo saggio è contenuta una descrizione di cronaca di fatti recenti. «La maggiore differenza tra il vertice dell'Organizzazione mondiale del commercio a Seattle nel 1999 e il G20 di Londra nel 2009» scrive James «non è nel diverso carattere delle manifestazioni di protesta. È nello slittamento di potere. A Seattle dieci anni fa non c'era ombra di dubbio che il leader più potente fosse il presidente degli Stati Uniti, Bill Clinton, e il fervore delle proteste era diretto contro di lui. Al G20 di Londra nel 2009 il presidente Barack Obama era calmo e distinto. Ma la sua era la distinzione di un uomo che reagisce con dignità all'avvento di un nuovo ordine. Ispirato anche dalla storia della stessa Gran Bretagna, che seppe gestire con stile un lungo declino e una graduale marginalizzazione. Altri leader in quel vertice hanno dato il meglio di sé per risultare all'altezza degli stereotipi nazionali. Nicolas Sarkozy ha prodotto un getto di idee brillanti. Silvio Berlusconi abbracciava tutti. Angela Merkel ha parlato in modo commovente dell'opportunità di creare un "capitalismo dotato di coscienza", con la serietà che si addice alla figlia di un pastore luterano. Gordon Brown aveva un'impressionante padronanza dei dettagli tecnici ma appariva amaro. Chi avrebbe previsto in un'epoca di poco precedente – nel 1989 quando crollò il comunismo o nel 1999 quando gli Stati Uniti potevano proporre il loro ordine morale – che il più importante leader in un futuro vertice del capitalismo mondiale sarebbe stato un comunista? Il presidente della Cina, Hu Jintao, è potente non solo a causa della rapida crescita della sua economia dagli anni Ottanta in poi, ma anche perché la Cina è emersa come il principale fornitore di risparmio globale.»

Questa efficace descrizione merita di essere integrata con quella del vertice successivo, il G8 dell'Aquila ai primi di luglio 2009. Che Hu Jintao è stato costretto a disertare. Proprio mentre era in Italia, durante la visita di Stato bilaterale che precedeva il G8, a casa sua è scoppiata la rivolta degli Uiguri nello Xinjiang. Il presidente cinese non ha avuto un attimo di esitazione. Ha abbandonato l'Italia alla vigilia del vertice, lasciando una delegazione di serie B a rappresentare la Cina per correre a Pechino a gestire la crisi interna. La rivolta del piccolo popolo uiguro di religione islamica – una decina di milioni rispetto al miliardo e trecento milioni di cinesi Han – non può certo destabilizzare la Repubblica popolare. Ma può indebolire un leader, segnalando delle linee di fragilità interne, delle faglie sismiche nella nomenklatura comunista e nei suoi rapporti con la società.

La partenza improvvisa di Hu Jintao non ha impedito alla delegazione cinese di imprimere un segno sull'ultimo G8. Pur in assenza del suo leader, all'Aquila la Cina ha dato una prova della forza di quel fronte dei veti che è in grado di mobilitare.

«L'accordo sul clima» aveva dichiarato la delegazione cinese gelando gli entusiasmi della regia italiana «non vincola la Cina, che ritiene fondamentale prendere in considerazione le diverse condizioni dei Paesi emergenti.» Dall'India all'Egitto, altri hanno appoggiato la posizione cinese, respingendo l'impegno di ridurre del 50 per cento le emissioni di CO_2 entro il 2050. La controproposta: che i Paesi industrializzati si impegnino a fare molto di più, tagliando del 40 per cento le loro emissioni entro il 2020; e che offrano fondi e tecnologie ai Paesi meno avanzati per la riconversione a uno sviluppo sostenibile. Ancora una volta Pechino è riuscita ad articolare una posizione che fa il pieno di consensi in tutto il mondo non occidentale.

La Cina ha poi messo agli atti del G8 dell'Aquila la sua richiesta di «promuovere un sistema monetario internazionale più diversificato». Il signoraggio del dollaro, che primeggia sia nelle riserve delle banche centrali che nei pagamenti degli scambi commerciali fra nazioni, è l'eredità di un'epoca in cui la supremazia economica americana era incontrastata. Ora la Cina moltiplica gli accordi bilaterali con India, Russia, Brasile, Argentina; in quel club già si abbandona il dollaro per passare a pagamenti bilaterali con le valute nazionali. È naturale che questo avvenga. Basti pensare che la Cina ha sostituito gli Stati Uniti come primo partner economico del Brasile: perché gli imprenditori di Shanghai e San Paolo dovrebbero continuare a usare dollari nelle loro relazioni, esponendosi alla capricciosa volatilità di una moneta che riflette le debolezze del bilancio federale di Washington?

Non era passato neanche un mese dal G8, quando a Washington il 27 e 28 luglio l'amministrazione Obama ha accolto la più folta delegazione cinese mai inviata all'estero: 150 rappresentanti del governo. Un appuntamento istituzionale, a scadenza annua, che viene definito «dialogo strategico sino-americano». Per molti, è la prova generale di un G2. Quest'ultimo vertice bilaterale di Washington si è svolto sotto il segno dell'offensiva «capitalista» degli ospiti cinesi, preoccupati di tutelare i propri investimenti in dollari. Il vicepremier Wang Qishan ha richiamato all'ordine i padroni di casa, sospettati di voler esportare inflazione per ridurre i propri debiti. «Voi americani» ha detto Wang «avete la principale moneta di riserva mondiale. Tocca a voi governare con cura l'impatto che l'offerta di dollari ha sull'economia mondiale.»

Ad ascoltare il rimbrotto cinese sul dollaro c'erano Obama, Hillary Clinton e lo staff economico al completo: il segretario al Tesoro Timothy Geithner, il banchiere centrale Ben Bernanke, il capo economista della Casa Bianca Larry Summers. A loro il viceministro delle Finanze Zhu Guangyao ha rivolto un'esortazione ancora più esplicita: «Ci auguriamo che il deficit pubblico americano venga ridotto, anno dopo anno». La pressione dei cinesi nasce da una preoccupazione concreta, come ha spiegato Zhu. «La responsabilità del mio governo» ha detto «è nei confronti del popolo cinese. È nostro compito tutelare il valore della ricchezza nazionale.» Una parte della quale, sempre più cospicua, viene reinvestita da anni in titoli del debito pubblico USA. Al punto che la Cina è oggi il principale creditore estero di Washington.

Per molti europei l'idea di un G2 è un incubo, perché evoca la definitiva marginalizzazione del nostro continente, sempre meno influente negli affari mondiali. Tuttavia una constatazione è indiscutibile: non c'è questione strategica per la quale l'America non abbia bisogno della cooperazione cinese. Mai nella storia due superpotenze rivali hanno avuto tanto bisogno l'una dell'altra. E nell'immediato è l'America che sembra affrontare questo dialogo in stato di necessità. Le riserve valutarie della Banca centrale cinese hanno fatto un ulteriore balzo in avanti, superando nel 2009 i 2200 miliardi di dollari. Avendo evitato la recessione, Pechino ne approfitta per accelerare la rincorsa nei rapporti di forze con la grande rivale. «Espandetevi nel mondo» è la direttiva esplicita che il premier Wen Jiabao ha dato alle grande aziende cinesi: esortandole a riciclare il giacimento di capitali interni per prendere il controllo di interi pezzi dell'economia globale. Gli investimenti cinesi all'estero, che erano appena 143 milioni di dollari nel 2002, sono saliti a 40 miliardi l'anno scorso e raddoppieranno entro la fine del 2009. Miniere australiane e argentine, petrolio iracheno e gas pakistano, grandi magazzini giapponesi e automobili sudcoreane: il mondo intero scopre un'altra ondata di invasori cinesi, sono capitalisti con il libretto degli assegni in mano pronti ad acquistare aziende, terreni, risorse naturali. È possibile che la globalizzazione stia entrando in una fase sinocentrica. Africa e America Latina vengono risucchiate in una densa rete di rapporti politico-economici con Pechino. I leader cinesi promuovono accordi di libero scambio proprio mentre l'Occidente è diventato scettico. Venti accordi di libero scambio recenti hanno per protagonista la Cina. Uno di questi, aprendo ulteriormente le frontiere tra 1,3 miliardi di cinesi e 500 milioni di abitanti del Sudest asiatico, segna l'avvio del più grande «mercato comune» della storia.

Quando il mondo si avvia verso un direttorio a due, un duopolio di superpotenze, a un soggetto terzo come l'Europa non resta che negoziare il proprio appoggio di volta in volta con chi offre di più. Anche se i nostri sistemi di alleanze (NATO) e i nostri sistemi di valori (liberaldemocrazia) ci rendono assai più vicini alla sfera americana, questa vicinanza non è immutabile né ci nega spazi di manovra. Affioreranno sempre più spesso delle possibili convergenze con la Cina, terreni sui quali è possibile perseguire interessi comuni: per esempio l'investimento nelle energie rinnovabili e nelle tecnologie verdi. È questa una delle frontiere del futuro sviluppo in una Slow Economy. È un terreno sul quale l'Europa – grazie alla Germania e agli scandinavi – ha delle lunghezze di vantaggio sugli Stati Uniti.

Un'altra eredità positiva della grande crisi 2007-2008 è la rivalutazione del welfare state all'europea. Questo modello non ha un copyright, chi vorrà potrà ispirarsene gratis. Barack Obama ha già iniziato a farlo, tanto da attirarsi l'accusa della destra americana di essere un presidente «francese» (sinonimo di socialista). Anche il regime cinese si sta preoccupando di come affrontare il proprio shock demografico, l'invecchiamento della popolazione più numerosa della Terra; Pechino guarda per forza con interesse ai sistemi previdenziali e sanitari della vecchia Europa. Cioè l'unico angolo del mondo dove qualche esperimento di socialismo si è realizzato senza gulag né guerre civili.

È la punta estrema del West Village di New York, arriva quasi alla riva del fiume Hudson. Lo chiamano ancora il Meat Packing District perché un tempo c'erano i mattatoi, le macellerie all'ingrosso, le fabbriche di carne in scatola. Ancora adesso all'esterno di alcune case di mattoni rossi sono rimasti gli antichi ganci di ghisa, dove un tempo penzolavano quarti di bue. Adesso i macellai sono sostituiti da stilisti, artisti d'avanguardia, gallerie di pop art, ristoranti di moda, discoteche, loft affittati a studenti. All'imbrunire mi mescolo alla folla che cammina sulla High Line, la vecchia linea sopraelevata della ferrovia merci. Ora è diventata un'attrazione per la gente del quartiere e per i turisti. Sono due chilometri e mezzo di viadotto, un reperto che rimase in stato di abbandono per molti anni. Un pezzo di archeologia industriale. Il ricordo di altri tempi e di un'altra New York: quando ancora era una città di ciminiere, fabbriche puzzolenti che rovesciavano liquami nello Hudson e coprivano Manhattan di una coltre di smog. Adesso la High Line è un parco pubblico, una bella passeggiata panoramica che col cielo terso offre la vista sul fiume e sull'orizzonte di grattacieli del New Jersey. I binari arrugginiti sono stati lasciati al loro posto. S'intravedono in mezzo a una vegetazione lussureggiante. È una delle tante operazioni di urbanistica «verde» che stanno cambiando il volto di New York. La metropoli d'America che è stata l'epicentro dell'ultima crisi economica è un luogo dove s'incrociano vocazioni diverse. È la capitale mondiale della finanza, ma è anche la città che può vantare il maggior numero di università, musei, teatri, sale da concerto. Dopo la botta subita da Wall Street nel 2008, il danno sociale per l'economia cittadina è stato attutito perché hanno retto le sue splendide attività culturali. Come tante volte nella sua storia, la capacità di New York di risollevarsi è ammirevole. A volte concentra i peggiori difetti dell'America, altre volte ne rivela le risorse migliori: che non sono i capitali ma le intelligenze, i talenti umani attirati da tutti i continenti. L'impero americano potrà già essere in declino da tempo, ma fino a quando i dirigenti della Cina e dell'India e dell'Europa manderanno i loro figli a studiare qui vorrà dire che New York avrà ancora qualcosa da insegnarci. Per esempio la capacità di offrire una chance anche alle erbacce. Sono state loro, le piante selvatiche, a far nascere l'idea della High Line. Molto prima che ci pensasse il sindaco Michael Bloomberg, la vegetazione si era impadronita della vecchia ferrovia, aveva invaso le rotaie, aveva deformato l'acciaio e il cemento con la forza vitale delle sue radici.

Indice dei nomi

Arnoldo Mondadori Editore S.p.A.

Questo volume è stato stampato
presso Mondadori Printing S.p.A.
Stabilimento Nuova Stampa Mondadori - Cles (TN)

Stampato in Italia - Printed in Italy